# LE SECRET DES PRÊTRES DU RAZÈS
## OU
# LES MYSTÈRES DES DEUX « RENNES »

# LE SECRET DES PRÊTRES DU RAZÈS
## OU
# LES MYSTÈRES DES DEUX « RENNES »

par Yves LIERRE

Préface de Patrick Rivière
Illustrations de Marie-José Rivière

Éditions de NEUSTRIE

CAEN
1986

EDITIONS DE NEUSTRIE

COLLECTION « SCIENCES ET TRADITION »

**Déjà parus :**

*Les Grandes Légendes de France,* Edouard Schuré

*Récits de sorts, de mort et d'après-mort,* préface de Serge Hutin, Michel Vital Le Bossé

*Le Secret des prêtres du Razès,* préface de Patrick Rivière, Yves Lierre

**A paraître :**

*Arsène Lupin contre Cagliostro,* préface de Gilles Henry, Michel Vital Le Bossé

*Aux frontières de l'au-delà,* préface de Michel Vital Le Bossé, Michel Achard

*Le Testament de Merlin,* Dominique Achard

*Un Long Regard sur la Telle du Conquest,* Pierre Villion

*Ego Hugo, poète, prophète et visionnaire,* préface de Serge Hutin, Michel Vital Le Bossé

© Editions de Neustrie — 1986
ISBN : 2.905835-09-5

# TABLE DES MATIÈRES

Préface de Patrick Rivière ................................... 7
Introduction ................................................ 13
*La Rennes Pé d'Oc* .......................................... 19
*Et in Arcadia Ego* .......................................... 41
*Le Gui des Goths* ........................................... 65
Lettre ouverte à MM. Plantard, Philippe de Cherizey... en guise de conclusion... .............................................. 101
Nicolas Poussin peintre initiatique par Patrick Rivière ...... 120
Annexes
    Panégyrique prêché par Mgr J.-B. Bossuet le 17 janvier, jour de la saint Sulpice de l'an 1664 ............................. 127
    David, Salomon, les Rois, les Prophètes ................... 141
    Moyen facile de remonter à la source ...................... 148

# PRÉFACE

Sur la demande instante de nombreux lecteurs restés sur leur faim devant l'épuisement des études à tirage limité d'Yves Lierre, qui concernent l'« épineuse » question de Rennes-le-Château et de ses alentours, celui-ci a pensé, selon nous à raison, qu'il serait expédient d'envisager cette réédition globale abondamment complétée des trois textes évoqués :

— la Rennes Pé d'Oc,
— Et in Arcadia ego,
— le Gui des Goths.

Les préoccupations de notre maître et ami : Yves Lierre, étant d'ordre essentiellement hermétique, convient-il souvent d'en exprimer la quintessence telle la « substantifique moëlle », afin de mieux remonter aux origines des mystères de l'antique cité wisigothe de Rhedae.

Cette région où s'imprime particulièrement la Tradition, constitue pour l'Hermétiste une terre de prédilection. Ainsi que nous l'évoquions dans notre ouvrage : *Sur les sentiers du Graal* (1), de tels rares endroits existent bien de par le monde et l'importance de leurs secrets est d'ordre tridimensionnel : Corps (Sel), Ame (Soufre), Esprit (Mercure)...

— la mystérieuse France historique, faisant référence à un ou plusieurs dépôts dissimulés, en constitue le Corps ;

— la participation de divers Egrégores : celtes, wisigoths, cathares, et templiers, à la sacralisation de tels lieux en constitue l'Ame ;

— l'essence même du « Secret » dépouillé de tout artifice superfétatoire, en constitue l'unique Esprit dans la plus grande nudité qu'exige la Vérité !

Or, ces trois aspects participent à la « résurrection » et à la « vie » de l'antique Rhedae ont largement été soulignés dans les trois études synthétiques d'Yves Lierre, possesseur de l'arcane majeur.

Aussi, la *prima Materia* s'incarne-t-elle présentement en ce lieu, sous l'aspect d'une sombre cavité à double entrée que gardent secrètement des veilleurs de pierre, tels qu'ils figurent sur l'illustration à la mine de plomb du « Gui des Goths ».

Cette cavité est encore partiellement encombrée, mais tout laisse supposer que lorsque les « temps seront venus »...

Il est heureux que dans cette vision hermétique où le spirituel l'emporte sur le temporel, d'authentiques alchimistes (2) se soient intéressés à ce site privilégié, mais il est malgré tout regrettable que certaines erreurs aient été commises ; ainsi, nous relevons par exemple dans l'étude signée H. Elie et intitulée : *le Saint Graal. Révélations des mystères du Haut-Razès*, p. 58 :

> *Sainte Rosaline est issue de la famille de Villeneuve. Famille qui fut illustrée, notamment, par l'alchimiste Arnaud de Villeneuve.*

Ceci est tout à fait erroné car ce dernier ne possédait aucun lien avec la famille des Villeneuve de Provence. D'après Marc Haven, il s'agissait d'ailleurs plutôt d'« Arnaud Bachuone » ou « Arnaud Bachinone » selon d'anciens textes. A ce sujet, il serait bon de se reporter également aux études du XVI$^e$ siècle, effectuées par Symphorien Champier dit Campegius.

Mais il n'est pas non plus interdit de penser qu'« Arnaud de Villeneuve » était un pseudonyme, voire un nom initiatique : ... l'« Aigle de la ville neuve » !...

Plus loin, p. 120, l'auteur écrit :

> *La pierre philosophale est la ROSE ROUGE ou troisième œuvre ; le chaos ou ROSE BLEU noire en vérité est le premier œuvre dont le second est symbolisé par une ROSE BLANCHE.*

S'il existe bien en effet trois « Œuvres » en Alchimie (3), les trois couleurs ne s'y appliquent pas systématiquement, tant s'en faut ! Ainsi, l'« Œuvre au noir » n'a d'existence réelle que dans l'imagination féconde de Marguerite Yourcenar !

L'expression « œuvre au noir » si galvaudée par ailleurs, scandalisait Eugène Canseliet et à bon droit, semble-t-il !

Quant à l'« Œuvre au blanc », il faut l'entendre par une fermentation de la Pierre philosophale (en tant que Médecine universelle) en présence d'argent tandis que l'« Œuvre au rouge » s'entend par une fermentation de la Pierre en présence d'or vulgaire. Par fusion directe, on obtient alors la poudre de projection « orientée » sur le métal choisi en vue de la transmutation qui y fera suite ; tout ceci intervenant seulement à la fin de la « grande Coction » du Troisième Œuvre...

Notre auteur affirme péremptoirement encore (p. 15) :

> *La racine de Razès est Ra ; rappelle le Râ des Egyptiens et permet de croire à un temple solaire. Le Dieu Râ à la barque, celle de Sa-Ra qui, avec les « Marie » fuirent leur pays.*

Or, il s'agit en l'espèce d'une grossière erreur ; aussi, nous renvoyons le lecteur de ces lignes à notre ouvrage déjà cité, dans lequel il pourra lire :

> *Les Saintes-Maries sont effectivement liées au culte de la Mère car ce lieu est d'origine lunaire. Selon l'historien et géographe antique Strabon, un temple dédié à Diane s'élevait à cet endroit au-dessus de l'« oppidum Ra ». D'après Laurence Talbot, « oppidum Ra », loin de suggérer le soleil (en égyptien « Râ », et non « Ra » !), désignerait bien plutôt un fort comme ceux couronnant les statues de l'Arthémise-Rehne, la déesse-mère des Thraces, rappelant évidemment Cybèle et sa couronne de tours (qui lui valut le nom de Mater Turrita chez les Romains)* (4)

Dans *la Rennes-Pé d'Oc*, Yves Lierre avait déjà souligné l'analogie existante entre saint « Antoine » et l'« Antimoine » des sages ; ce qui d'ailleurs avait suscité en son temps une vive interrogation au marquis Philippe de Cherizey (5).

Notre cher anonyme, évoquant à nouveau cet « à-peu-près phonétique », crut bon d'y ajouter ceci (p. 115) :

> *Antimoine possède deux lettres supplémentaires à celui d'Antoine, soit le M et le I, MI c'est la moitié et il faut comprendre que saint Antoine représente deux matières alchimiques, l'une terrestre et l'autre céleste.*

Assurément, il serait bon d'y joindre les précieux commentaires apportés par Fulcanelli, à l'égard de ces deux lettres, en ses *Demeures philosophales,* au cours du chapitre consacré à Louis d'Estissac :

> *... Ainsi élevé d'un degré, ce mercure, devenu fixe par l'accoutumance au feu, a de nouveau besoin d'être dissous par l'eau première, cachée ici sous le signe I, suivi de la lettre M, c'est-à-dire « Esprit de la Magnésie », autre nom du dissolvant.*

Si, depuis bon nombre d'années, des chercheurs en tout genre s'affairent dans la région et si la quête s'organise, donnant lieu à des découvertes dont l'éventail sans cesse s'étend, l'accent n'est mis que depuis quelque temps, sur le petit livre de pierre représenté en relief sur la tombe de l'abbé H. Boudet, au cimetière d'Axat, orné des signes suivants : 3IOXI.

Il paraît plus qu'évident que ces signes lapidaires désignent en toute logique la page 11 de *la Vraie Langue celtique* qui comporte bien entendu, trois cent dix pages ! Or, qu'y lit-on de particulièrement suggestif hormis le mot « clef » mentionné à trois reprises, sinon la phrase suivante :

> *La pellicule du blé moulu et passé au blutoir se nomme, en dialecte languedocien,* brén *; en breton* bren *; en gallois* bran *; en irlandais et écossais.*

Et si au lieu de désigner, comme le bon sens élémentaire nous y invite, le petit village de « BRENac », ce concept phonétique avait pour tout motif de suggérer habilement la nature principale du dépôt physique !

En effet, nous savons qu'en argot, le « blé » sert à désigner l'« Or » ; ne pourrions-nous pas en déduire que la « pellicule » en question évoque analogiquement... du platine !...

Ce métal très rare extrait généralement des sables aurifères, fut officiellement découvert en Colombie, en 1735. Mais était-il totalement inconnu auparavant ? L'historien André Castelot n'admettait-il pas dans un de ses nombreux ouvrages, que les rois de France étaient dépositaires d'un mystérieux « secret » qui aurait visé une mine de platine ? Selon lui, ce secret se serait (officiellement) perdu avec la mort de Louis XVI, le 21 janvier 1793.

Laissons-lui la paternité de cette hypothèse, mais reconnaissons tout au moins qu'elle ne manque pas d'intérêt.

Urbain de Larouanne, autre hermétiste, s'étant penché sur les mystères de Rhedae (6), nous indique clairement que selon lui, le « grand cromlech » fictif de l'abbé Boudet, délimiterait un immense temple souterrain : haut lieu d'initiation sur le chemin de Compostelle.

Nous ne saurions quant à nous, partager cette idée même s'il nous faut bien reconnaître que cette région est un véritable « gruyère », tant à cause de son socle en karst qu'à la présence des galeries minières qui en sillonnent le sous-sol.

Il n'existe de « temple », au sens originel du terme, que sur un plan subtil où les corps astraux peuvent librement évoluer.

Et c'est bien le cas dans cette région sacrée et ce, plus particulièrement encore dans le merveilleux « Bugarach » ! Si le lecteur de ces lignes émet quelque doute, qu'il aille y passer une seule nuit de méditation...

Les visions « astrales » de l'Agartha — décrites par saint Yves d'Alveydre, en sa *Mission de l'Inde* — extériorisent le même phénomène, mettant par là en évidence ce monde parallèle au nôtre que la Vie ne cesse d'alimenter.

Il est des lieux où souffle l'esprit et Bugarach (... Ruach-Elohim !) est bien de ceux-là.

C'est la transposition naturelle de la Pierre philosophale qui est semblable au Thabor et qui réalise la transmutation de l'être dans son intégralité. Il est bon de se remémorer à cet égard, ce qu'écrivait Henri Khunrath, en son *Amphitheatrum Sapientae Aeternae* :

> *La Pierre des Philosophes est Ruach Elohim (qui reposait – incubebat – sur les eaux, Genèse, I) conçu par la médiation du ciel (Dieu seul, par sa pure bonté, le voulant ainsi), et fait « corps vrai » et tombant sous les sens, dans l'utérus virginal du monde majeur primogénéré, ou du Chaos créé, c'est-à-dire la terre, vide et inane, et l'eau.*

En cette région plus qu'en toute autre, il convient de se laisser bercer par l'incontestable charme de Mélusine, que ce soit sous les traits de la célèbre diva (7), propriétaire du château de Cabrières, ou bien sous l'apparence d'une ombre fugitive, aperçue au sortir d'une petite tour située non loin de Rennes-les-Bains !

Entrons en communion avec dame Nature, faisant preuve de discernement, évitant toujours les séduisants pièges de l'illusoire Maya...

Tournons-nous alors vers l'orient où dans les brumes lointaines du levant, on aperçoit du Pech Bugarach, la pointe du roc Mériou : rappel phonétique du mont Mérou de la Tradition orientale (8), qui se dresse entre l'« Agly » (l'Aigle de saint Jean) et le col de la « Lucio » (la Lumière divine).

MEROU... MEROWEG = chemin du Mérou !...

Comment alors encore douter de l'élection privilégiée d'une telle contrée bénie des dieux...

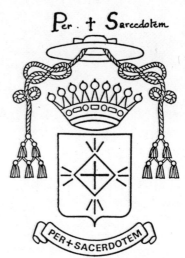

Le mystère de Rhedae demeure secrètement gardé par les détenteurs du Sacerdoce, telles que l'indiquent les laconiques initiales P.S. = Per + Sacerdotem

# NOTES

(1) P. Rivière : *Sur les sentiers du Graal*, éd. R. Laffont, Paris, 1984.

(2) Urbain de Larouanne : *Géographie sacrée du Haut-Razès, la Voie de Dieu* et H. Elie : *Révélations des mystères du Haut-Razès*.

(3) Le premier se traduisant par une liquation métallurgique, le second par une suite de « sublimations » philosophiques et enfin le troisième par la « grande Coction », au cours du processus par « voie sèche ».

(4) *Op. cité : Sur les sentiers du Graal*, p. 56.

(5) Lettre du marquis Philippe de Cherisey, comte de Vaudressel, adressée à Yves Lierre et reproduite intégralement dans *le Gui des Goths*.

(6) Urbain de Larouanne : *Géographie sacrée du Haut-Razès et la Voie de Dieu et du cromlech*, diffusés par « La Table d'Emeraude » à Paris et par la revue *Atlantis*.

(7) Il s'agit bien entendu de la cantatrice Emma Calvé. Le petit-fils de la « serpente » Mélusine : Bernardon épousa la fille du seigneur de Cabrières. Il serait d'ailleurs pour le moins passionnant de faire la part entre l'histoire et la légende dans la généalogie des Lusignan ! N'oublions pas qu'un des leurs fut initié par Martinez de Pasqually qui œuvrait dans le courant de la Maçonnerie écossaise.

(8) Véritable *axis-mundi* entouré de légendes, chez les hindous et les bouddhistes. Cf. *Sur les sentiers du Graal*, op. déjà cité et notre prochain ouvrage : *Magie noire et magie blanche au royaume du prêtre Jean*.

# INTRODUCTION

## *Rennes-le-Château*
## De la Rhedae wisigothique à la Philosophie Hermétique

Ce petit village de l'Aude compte actuellement une cinquantaine d'habitants ; l'ancienne Rhedae groupant l'actuel village de Rennes et les alentours en comptait trente mille. C'est vrai, mais aussi que de richesses spirituelles accumulées dans ce hameau désolé des Corbières...

D'ailleurs ces richesses spirituelles semblent avoir connu leur équivalent temporel : la découverte probable bien qu'incertaine, d'un fabuleux trésor, à la fin du siècle dernier, par le curé de la paroisse (l'abbé Béranger Saunière, en 1891) soulève une des plus impressionnantes affaires que la « petite histoire » semble bien avoir dérobé à la grande !

En effet, le dernier descendant en titre des rois mérovingiens fut enterré à Rhedae... L'enfant-roi Sigebert IV échappa au massacre de l'embuscade tendue à son père : Dagobert II, dans la forêt de Vœuvre en 679 de notre ère et le 17 janvier 681, il devait s'installer à Rhedae où il prit le titre de comte du Razès. Sa dépouille reposa dans cette région et très précisément dans l'église Sainte-Madeleine de Rennes-le-Château ! Et c'est ici même, à l'intérieur d'un pilier wisigothique qu'en 1891, l'abbé Saunière découvrit « par hasard » de bien curieux parchemins qui lui permirent, légende oblige, de faire fortune et d'enrichir sa très modeste paroisse...

Depuis quelques années, l'histoire du « trésor de Rennes-le-Château » déchaîne de nombreuses passions, à tous les niveaux du reste, de la compréhension humaine !

Quel peut bien être en réalité la nature de ce « trésor », si trésor il y a ? Spirituel ou matériel ?

Les deux à la fois de toute évidence !

N'y a-t-il pas toujours une correspondance symbolique entre les divers plans de la conscience humaine, au-delà du mythe éternel du « magot caché »...

Ces analogies assimilent l'histoire à la toponymie des lieux et à la pratique des « sciences de la nature occulte des causes », ridiculisées de nos jours où l'on ne leur accorde même plus la crainte superstitieuse des « sciences maudites » !...

Les « trois grâces », trilogie remarquable pour la compréhension de toutes choses, ont pour noms : Astrologie, Magie, Alchimie.

La légende du « Roi perdu » prend alors tout son sens dans cette région où le corbeau « d'en bas » rejoint celui d'« en haut » : en effet, la constellation du Corbeau possède son reflet exact dans la toponymie du Razès ! Les trois points correspondant aux trois étoiles de cette figure : saint Julia-de-Bec, Serres et Granès sont suffisamment éloquents à cet égard sans que nous nous étendions davantage ici ! Le corbeau, c'est un rappel à Lug (1), lux = la lumière mais également à Brân, Brennus = le chef... attribué au « Roi » chez les Celtes !

On constate ici aisément que du corbeau à l'enfant-roi, il n'y a qu'un pas...

Cette région incarne donc parfaitement la terre d'élection du jeune monarque : *Regulus* (le petit roi) qui constitue par ailleurs, l'étoile la plus brillante de la constellation du Lion... Le « roi » des animaux ! D'ailleurs, l'existence des deux « Rennes » : Rennes-le-Château et Rennes-les-Bains atteste bien cette hypothèse qui, à plus d'un égard, peut paraître bizarre !

Dans les sphères supérieures des déesses et des dieux, au sein de la mythologie nordique, le dieu Wotan est toujours représenté accompagné par deux corbeaux : Hugin et Munin. Il prit d'ailleurs pour nom : « l'Ase aux corbeaux »...

N'oublions pas également qu'en alchimie opérative, la « tête de corbeau » ou *caput mortuum* désigne la terre déshéritée qui pourtant, si elle est convenablement préparée par l'artiste donnera naissance au « bouton de retour apollinien », en un mot : au « Mercure philosophal », véritable énigme du « Grand Œuvre d'Hermès » ! C'est à proprement parler le « corps beau » qui s'étant largement dépouillé, surgit de l'onde tel Apollon et l'île de Délos !

C'est l'apparition du soleil minéral : le petit dauphin royal...

Déjà en ce lieu, pourtant même très général, l'alchimie laisse une empreinte indélébile et cela de façon définitive ! Incontestablement, le Razès a été marqué de son scel (... sel de Sapience !). Sur le plan géologique, cette région possède des mines à haute teneur en minerais de toutes sortes, particulièrement en ce qui concerne les métaux précieux, principalement l'Or pour ne pas le nommer !

Le dépouillement chaotique génésiaque et la lumière de ce paysage « arcadien » vont de paire avec la toponymie si suggestive dans ce domaine particulier relatif au Grand Œuvre :

— « Roco Negro », la matière au noir !
— « Blanchefort », le cristal blanc !
— « Bézu », la matière épurée blanche !
— « L'Homme mort », la putréfaction !
— « La Sals », le Sel, le « Feu secret », etc.

Nous nous sommes penché longuement sur ces interprétations alchimiques dans nos trois fascicules (2), aussi ne nous étendrons-nous pas davantage sur ce sujet !

Sur le plan de la « Magie du Verbe », admirons cette magnifique petite tour dédiée à Marie-Madeleine (Magdala, migdal = la petite tour !). C'est la « tour d'ivoire » (d'y voir...) Mais c'est aussi la XVI$^e$ lame du Tarot qui représente la « Maison-Dieu » ! N'oublions pas que la villa « Bethania », toute proche de ladite tour, l'ancienne maison de retraite transformée depuis en hôtel, comporte dans son nom la racine hébraïque *beth* qui désigne justement la « maison de Dieu » en voulons-nous pour preuve la naissance de Jésus à BETHléem !...

Mais ne perdons pas de vue l'exemple de la « Babylone » érigée par les hommes en l'honneur des divinités et qui, fatalement s'écroule si les hommes demeurent dans leurs étroits concepts ! Il en fut ainsi de tout temps et ce, principalement, à la fin d'un cycle évolutif de l'humanité : telle, parmi tant d'autres, la fin du règne des rois mérovingiens fut-elle marquée par un événement majeur, en l'occurrence : la séparation effective du royaume de France et d'Angleterre, la mer ayant séparé les deux pays en envahissant la forêt de Sissy, en 709 ap. J.-C., isolant de surcroît le mont Tombelaine devenu Mont-Saint-Michel, des terres avoisinantes...

L'« âge de Dieu » était accompli et laissait place à l'« âge de bronze », lui-même précédant l'« âge de fer » que nous traversons actuellement ! A la même période apparaissait en Inde la dynastie Khmer tandis que les Mérovingiens cédaient (de force !) la place aux Carolingiens...

Gérard Labrunie, alias Gérard de Nerval, le poète initié, était bien évidemment « dans le secret », comme en témoigne *Aurélia* ainsi que ses *Chimères* :

« Le prince d'Aquitaine à la tour abolie » (3).

L'identité de ce « prince » n'est-elle pas évidente ? Il s'agit en effet de Gayffier ou Weïfre, le courageux duc d'Aquitaine qui tint si longtemps tête à Pépin et à son imposture manifeste. Car il faut bien reconnaître qu'*au milieu de ses victoires, il ne formait qu'un seul projet : celui d'écraser la tête des derniers Mérovingiens dont la noble race semblait revivre avec tant d'éclat dans Weïfre, duc d'Aquitaine.*

*... Il avait à cœur de punir le fier descendant des rois mérovingiens qui avait refusé de le reconnaître pour suzerain* — indiquent sans ambages MM. J.-M.

Cayla et Perrin-Paviot, en leur *Histoire de la ville de Toulouse depuis sa fondation jusqu'à nos jours*, Toulouse, 1839.

Weïfre n'avait pas craint de déclarer officiellement :

« Allez, et dites-lui que Weïfre est du sang de Mérovée, et qu'un usurpateur doit toujours craindre un roi détrôné. »

Quelle courageuse mise en garde, convenons-en pour le moins !

Si le nombre 17 apparaît sans cesse dans l'histoire de Rhedae ce n'est certes pas davantage par pur hasard.

La XVII$^e$ lame du Tarot ne désigne-t-elle pas également l'« Etoile » à propos de laquelle Léonard de Vinci déclarait sans ambages :

*Celui-là ne peut pas errer, qui est conduit par une étoile.*

Pour l'alchimiste parisien : Nicolas Flamel, c'est un 17 janvier que « tout commença ». Par ailleurs, le 17 janvier, on commémore la fête des initiés au genou découvert dont le saint patron n'est autre que saint Genou, assimilé par la légende à saint Roch, l'emblème parfait du pèlerin sur le sentier de la « Connaissance » !

Saint Roch nous mène d'ailleurs directement au « Pas de la Roque », autrement dit : « Roncevals » où Roland, le fameux neveu de Charlemagne a peut-être rendu l'âme... plutôt qu'à Roncevaux !

Ces « menhirs » gigantesques que la Nature a placés, avec intention, n'en doutons pas un instant, semblent avoir été taillés par Durandal, la noble épée du preux chevalier !

Tant par sa toponymie que par son relief, ô combien est évocatrice cette région du Razès où l'ombre des Templiers et des Cathares nous berce dans l'atmosphère étrange de la *Melancolia* de Dürer.

Seul, le peintre Nicolas Poussin pouvait recréer cette ambiance nostalgique et bucolique à la fois, avec le prodigieux talent qui le caractérise. *Les Bergers d'Arcadie*, un des chefs-d'œuvre de l'Ecole française, exposé au Louvre, nous entraîne au centre en même temps qu'au tréfonds du tombeau de notre subconscient (4) !

Pourtant, la lumière est là ; elle est si proche et claire, mais nul ne peut la voir car nos yeux sont imparfaits et la lueur nous éblouit !

La lumière des justes est inextinguible mais encore faut-il pouvoir s'y accommoder...

C'est, à vrai dire, du très réel Secret des Prêtres « initiés » du Razès dont il s'agit ici, en passant des abbés Bigou, Cayron et Boudet, par Saunière, Gélis et Rivière...

« SOLIS SACERDOTIBUS »

# NOTES

(1) « Lug » symbolise également « Mercure » donc le « mercure philosophal » ; quant à Brennus, sur un plan historique, n'oublions pas qu'il s'empara en 278 av. notre ère du fabuleux « trésor de Delphes » (Delphes, *delphinus* = dauphin, le petit roi...). Héraclite d'Ephèse n'a-t-il pas également écrit :
*Le Dieu, dont l'oracle est à Delphes ne parle pas, ne dissimule pas ; il indique.*
(2) Cf. la *Rennes Pé d'Oc* et *Et in Arcadia Ego, le Gui des Goths*.
(3) *Les Chimères (El Desdichado)*.
(4) *Et in Arcadia Ego* = et moi aussi j'ai été dans l'« arcane » ! (la secrète Arcadie, terre des dieux...) tente de nous faire comprendre l'artiste...

Abbé Béranger Saunière

"Promenade hermétique en Arcadie"

# LA RENNES DE D'OC

Yves Lierre

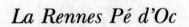

*La Rennes Pé d'Oc*

La Reine Pédauque à la « patte d'oie » = oca
(le « chaos » philosophal...)

> *C'est en se froissant douloureusement contre les épines, c'est en passant au travers des ronces serrées et piquantes qu'il (le serpent) détache de lui sa dépouille, et qu'il devient lisse et agile comme aux premiers jours de sa jeunesse.*
>
> Louis-Claude de Saint-Martin
> *l'Homme de désir*

*En ce jour de chandeleur, de purification sincère de toutes souillures humaines, tente de s'ouvrir un nouveau volet du Razès magique au contenu mystique. Que la Souveraine céleste s'unisse à l'ancienne capitale devenue pour la cause Rennes l'abandonnée mais non Rennes l'infortunée : Rennes-le-Château !*

*Que cette région d'ocre et de pourpre, privilégiée des dieux et de leur cohorte de lumière, nous laisse pour un instant, la contempler seulement !...*

*Sur une feuille imprégnée de suc de plantes, j'avais représenté la « Reine du Midi », telle que je l'ai vue dans mes rêves, telle qu'elle a été dépeinte dans l'Apocalypse de l'apôtre saint Jean.*

*Elle est couronnée d'étoiles et coiffée d'un turban où éclatent les couleurs de l'arc-en-ciel. Sa figure aux traits placides est de teint olivâtre, son nez a la courbure du bec de l'épervier. Un collier de perles roses entoure son cou et, derrière ses épaules, s'arrondit un col de dentelles gaufrées. Sa robe est couleur de l'hyacinthe et l'un de ses pieds est posé sur un pont ; l'autre s'appuie sur une roue. L'une de ses mains est posée sur le roc le plus élevé des montagnes de l'Yemen, l'autre dirigée vers le ciel, balance la fleur de l'anxoka, que les profanes appellent fleur du feu. Le serpent céleste ouvre sa gueule pour la saisir, mais une seule* graine ornée d'une aigrette lumineuse s'engloutit dans le gouffre ouvert. Le signe du Bélier apparaît deux fois sur l'orbe céleste où, comme en un miroir, se réfléchit la figure de la reine, qui prend les traits de sainte Rosalie. Couronnée d'étoiles, elle apparaît, prête à sauver le monde. Des constellations célestes l'environnent de leurs clartés. Sur le pic le plus élevé des montagnes d'Yemen on distingue une cage dont le treillis se découpe sur le ciel. Un oiseau merveilleux y chante ; c'est le talisman des âges nouveaux. Leviathan aux ailes noires, vole lourdement à l'entour. Au-delà de la mer s'élève un autre pic, sur lequel est inscrit ce nom : Mérovée.

Extrait d'*Aurelia* de

> La Reine du Midi se lèvera lors du Jugement avec cette génération et elle la condamnera, car elle vint des extrémités de la terre pour écouter la sagesse de Salomon, et il y a plus ici que Salomon. Matth., XII, 42.

## « N'Y ALLONS PAS PAR QUATRE CHEMINS... »

Des quatre portes qui entourent la « Rennes », quelle en est la profane ? Existe-t-elle seulement ?

Est-ce celle du midi où les pèlerins de Compostelle rapportent le secret de la sublime « étoile » que Nerval hier, pleurait amèrement (1) ? La région entière atteste le passage des fidèles de maître Jacques comme en témoignent les nombreuses reliques parsemées ici et là, où la coquille se détache au milieu des ossements. Campagne-sur-Aude et son ancienne église fortifiée liturgiquement orientée vers Jérusalem, nous fait revivre l'épopée templière. Il nous faut la visiter et y admirer outre la « porte des Templiers », actuellement murée, saint Régis (du lat. *rex, regis* : le roi) ; de même que la XIII$^e$ station du chemin de croix où l'on peut y voir une « femme sans tête » !

L'Egrégore du temple laisse planer en ce lieu une bien étrange atmosphère...

Serait-ce alors plus sûrement le portail d'Occident d'où jaillit le Montsalvat des purs : le Pog de Montségur ? Là encore la porte ne s'ouvre pas aux profanes : le mot de passe est à l'abri du monde afin que « l'enchantement » demeure ! Roquefixade monte la garde au lointain...

Quant au porche oriental, il est à Queribus et à Peyrepertuse ; puis viennent les gorges de Galamus et leur ermite. Ensuite le chemin se situe d'une part entre la forêt de l'Orme-Mort (ou bien de « l'homme mort », peut-être ?) et le village d'Auriac (l'or) et d'autre part de la Serre du Roc-Vert, d'un Camp Templie (Templier !), des gorges de l'Orbieu (l'Or !), de Salza (le Sel alchimique !) et de Montjoi rappelant le « Montjoie ! » enthousiaste crié par les pèlerins, au détour de la route, apercevant Compostelle. En passant par Albières (d'*alba* : blanc) et le col du Paradis si évocateur, la dernière arche est justement Arques : porte de l'« Arcadie » mythique glorifiée par le talent du peintre Nicolas Poussin dans son célèbre tableau : *les Bergers d'Arcadie*.

Au nord, la cité de Carcassonne se dresse avec vigueur et constitue le quatrième portail du « Païs enchanté ».

A Limoux, Notre-Dame-de-Marceille tant évoquée par la prose mystique d'André Chénier nous purifie et nous délivre de nos maux grâce à sa miraculeuse fontaine : *Autant que je puisse croire, c'était près d'une ville nommée Limoux, au bas Languedoc. Après avoir marché longtemps, nous arrivâmes à une église bien fraîche et dans laquelle je me souviens bien qu'il y avait un grand puits ; je ne m'informerai à personne de ce lieu-là, car j'aurai un grand plaisir à le retrouver, lorsque mes voyages me ramèneront dans ce païs. »* (2)

Comment la Divine Science d'Hermès, l'Alchimie, ne pourrait-elle être présente en ce sanctuaire où la *Virgo Pariturae*, symbole de la *prima materia* des Philosophes hermétiques est si merveilleusement représentée par une statue en bois noir datant au moins du XI$^e$ siècle ?

Quant aux origines du nom de « Marceille », les avis semblent loin d'être unanimes. Pour certains l'étymologie est celte : *marsilla* vient de *mar* = gâter, endommager et de *seel* = fermer les yeux ! Une statue de la Sainte Vierge aurait, dit-on, été placée au bord de la source Marsilla et vénérée par les Gaulois. Elle serait alors tout naturellement devenue « Notre-Dame des yeux gâtés, fermés par la maladie » (3).

Ne pourrions-nous avancer une troisième hypothèse ? L'occasion en est par trop tentante d'utiliser la « Cabale phonétique », la langue des oiseaux si chère au très savant Savinien Cyrano de Bergerac et au non moins prestigieux Jonathan Swift (4) : *« mar »* étant la mer ou bien encore la « mère » et *« ceille »*, le scel ou bien plutôt le « Sel » des Alchimistes...

Ainsi sur la colline sacrée de Limoux (de *limons* = le limon) incarnant la « matière brute » du Grand Œuvre (par voie sèche), le « Feu secret » salin des Sages, gorgé des forces cosmiques vient pénétrer la terre-mère et ses forces telluriques. Ne reconnaît-on pas ici le « signe » de la Tradition ou bien plutôt son « scel » (sceau) ?

Une légende circule à travers le pays : *Un laboureur qui cultivait son champ sur le coteau de Marcellan, voit ses bœufs arrêtés soudain par un obstacle invisible ! Il a beau les presser, les exciter, ils demeurent immobiles et résistent à l'aiguillon. Le laboureur, d'abord stupéfait, se sent bientôt envahi par une impression indéfinissable ; il se prosterne en invoquant le secours du Ciel. Puis, poussé par une inspiration subite, il creuse la terre, pour découvrir l'obstacle qui arrête ses bœufs. Tout à coup, une Madone de bois, à la figure brune, au regard céleste, se présente avec ses yeux étonnés. Il prend avec respect la statue de Notre-Dame, il la porte dans sa maison où elle est accueillie avec bonheur par toute sa famille ; mais, le lendemain, la statue a disparu ! Le laboureur revient à son champ et il retrouve de nouveau l'image vénérée dans le lieu où, la veille, il avait eu le bonheur de la découvrir. Vainement, il l'emporte une deuxième fois puis une troisième et la statue miraculeuse disparaît toujours pour regagner la colline de prédilection... Nos ancêtres auraient élevé une chapelle pour y conserver la statue miraculeuse.* (5)

Pour les curieux insatisfaits, cette statue de bois aurait, dit-on, remplacé une statue en pierre plus ancienne et qui aurait constitué un autre objet de légende...

Quittons le mystérieux Limoux, non sans avoir parcouru ses rues étroites où vécut un temps l'alchimiste L.P. François Cambriel (6) y exerçant la profession de fabricant de draps. Le « fils de Science » se doit de visiter la magnifique chapelle des Augustins. Dans ce sanctuaire si envoûtant, la « Reine mystique » fait sa première apparition ainsi que le Divin Cœur du Rédempteur.

Longeons l'Aude, l'ancien fleuve Atax, et bientôt apparaît la petite ville d'Alet (*electus* = lieu choisi, endroit privilégié) (7) si célèbre dans le passé pour son illustre évêché. Alet a également acquis sa notoriété grâce aux vertus curatives de ses eaux. L'impressionnant évêché n'est plus qu'une ruine désormais. Il fut malheureusement exploité comme carrière de pierre par les habitants. Le plus célèbre des évêques d'Alet qui, après l'incendie de 1577, parvint si bien à lui rendre son prestige, fut sans conteste Nicolas Pavillon. Est-ce à la profonde sympathie qu'il vouait à saint Vincent de Paul que l'on doit la présence de celui-ci dans l'église d'Alet, désignant de sa main droite une toile bien sombre représentant la crucifixion de Jésus sur le mont Golgotha ou bien est-ce plutôt parce que « Vincent » joue curieusement avec *vincens* (vaincre en latin) ? Qui pourrait nous fournir la réponse ? Peut-être saint Expedit si décrié par l'Eglise et qui, à cause du fameux calembour (décidément un de plus !) nous donne à penser qu'il accorde sans retard les demandes qui lui sont formulées. L'efficacité immédiate de son intercession semble réelle si l'on en croit les nombreux ex-voto entourant la statue. Quoi qu'il en soit, *expedis* ne signifie-t-il pas « délier » ! Est-ce une référence à l'énigme de la « Rennes » et au nœud qu'elle comporte ? Il est tout de même étrange de trouver dans cette enceinte le miraculé Lazare, ressuscité des morts, sur les traces duquel nous entraîne Jean-Pierre Monteils dans son passionnant ouvrage consacré au mystères de Rennes (8). Notons au passage que le magnifique vitrail représentant Lazare contient les très initiatiques couleurs du Grand Œuvre ; du bleu nuit au pourpre rayonnant, en passant par « l'émeraude des Sages » (l'Esmeralda de *N.-D. de Paris* de Victor Hugo). Le vitrail est au nord, incarnant comme chacun le sait : l'obscurité, la « mort initiatique ». La direction nord-sud ne traverse-t-elle pas précisément la région ô combien sacrée de la « reine » triomphante portant en elle le « fruit divin » ? D'ailleurs celle-ci se trouve représentée deux fois sur d'anciens tableaux, conservés mais hélas déplacés dans l'église actuelle. Sa mère : sainte Anne, incarnation directe de la « Vierge noire » *(Virgo Pariturae)* (9) épouse de Joachim, est représentée sur une toile ancienne conservée parmi les souvenirs de l'ancien évêché que la grande complaisance de l'actuel curé d'Alet nous a permis de découvrir par un après-midi pluvieux.

Le culte de sainte Anne est très développé dans la région et cela n'est pas sans raison ! D'ailleurs il existait à Alet un ancien temple consacré à Diane dont le culte était fort répandu. L'abbé Lasserre prétend qu'un cippe d'Isis fut également découvert ici (10). Ainsi était-il tout naturel de découvrir le culte d'une Vierge miraculeuse à Alet à l'apogée du Moyen Age...

Les rues de la petite ville forment une étoile à multiples branches. Les vieilles ruelles sont parfois très symboliques de par leur dénomination : la « rue de la Rose » en est un exemple parmi tant d'autres ! Une maison des plus anciennes est à remarquer à plus d'un titre : elle a reçu le nom de « maison du juif » pour deux raisons semble-t-il : d'une part, parce qu'une communauté juive vivait à Alet et d'autre part parce que sur une poutre à l'extérieur se trouvait gravé le sceau de Salomon. D'après M. le curé d'Alet ces arguments sont facilement réfutables car cette communauté juive vivait au bout de l'ancienne ville comme en témoigne la « rue de la Juiverie » du vieil Alet. D'autant que la maison susdite se trouve placée auprès de la vétuste cathédrale. Comment l'évêché aurait-il accepté cette situation ? Il semble plus raisonnable de penser que ces signes étranges dont l'un d'entre eux semble représenter le symbole taoïste du « Yin-Yang » (les deux natures) sont le fruit de la Tradition éternelle, gravés dans le bois par quelque personnage, voire « compagnon » féru de symbolisme.

Abandonnons les eaux salutaires d'Alet pour nous rapprocher de l'Arcadie rayonnante... La proximité de Luc-sur-Aude *(lux, lucis* = la lumière !) nous incite à continuer !

Si Arques nous ouvre la porte orientale, Couiza constitue l'antichambre de la « Rennes » si ardemment désirée ! Le château des ducs de Joyeuse nous invite à nous pencher sur le passé glorieux de cette région ô combien privilégiée...

# NOTES

(1) *El Desdichado* : « ... Ma seule étoile est morte... », G. de Nerval.
(2) André Chénier.
(3) *N.-D.-de-Marceille* de G. Mignault, mai 1962, Limoux.
(4) *Les Etats et empires du Soleil et de la Lune* (de Bergerac), *les Voyages de Gulliver* de J. Swift.
(5) *Notre-Dame-de-Marceille* de G. Mignault.
(6) Auteur du *Cours de Philosophie hermétique ou d'Alchimie en dix-neuf leçons,* Paris, Lacour et Maistrasse, 1843.
(7) Les Romains l'appelèrent « bourg choisi » = *pagus electeusis* = endroit de prédilection.
(8) *Nouveaux Trésors à Rennes-le-Château,* J.-P. Monteils, paru aux éditions de l'Octogone, collection « Le douzième arcane ».
(9) « L'âne » désigne allégoriquement de la même manière la *prima materia* des Alchimistes. C'est « l'âne Timon » des fables hermétiques qui joue de la trompette dans la « Vraie Matière des Sages » et qui, dans la Bible, conduit les juifs à la fontaine... —cf. Fulcanelli : *les Demeures philosophales,* t. 1, p. 401 —... des Amoureux de Science ! (serions-nous tenté d'ajouter !).
(10) J.-Th. Lasserre. *Recherches historiques sur la ville d'Alet et son ancien diocèse,* Carcassonne, 1877.

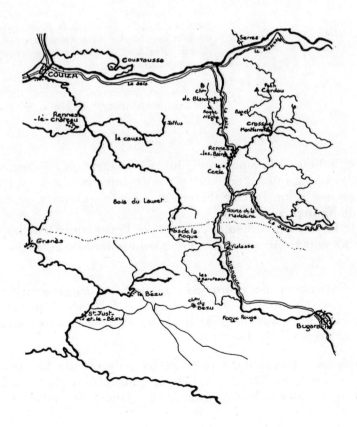

## « LE GRAND ŒUVRE DE LA RENNES »

> *Grande génératrice des dieux (Aelohim), œil du soleil, souveraine des régions.*
>
> Prière hiéroglyphique à la déesse Nous. Papyrus égyptien d'Amen-M-Saon (musée du Louvre).
>
> *Non seulement la salle resplendissait d'or et de pierreries, mais la parure de la Reine présentait aussi un éclat insoutenable. Ce spectacle dépassait tout ce que j'avais estimé beau auparavant telles les étoiles du ciel dominant tout le reste.*
>
> *Les Noces Chymiques de Christian Rosencreutz* de J. Valentin Andreae, tr. S. Hutin, éd. du Prisme.

S'il est un lieu où la toponymie illustre parfaitement l'arcane, s'il existe un endroit où ce qui est en haut, à travers tous les plans, est comme ce qui est en bas, selon l'adage d'Hermès, trois fois grand, c'est bien de la région de Rennes qu'il s'agit !

Que le lecteur en ce lieu, accorde à ces lignes toute leur importance, loin de les concevoir avec la légèreté coutumière de ce XXe siècle finissant...

Des « Capitelles » de Coustaussa au pech de Bugarach, tout ici est alchimie. J.-P. Monteils le souligne d'ailleurs fort bien dans son passionnant ouvrage dédié à la mémoire de T.E. Lawrence, mieux connu sous le nom de Lawrence d'Arabie (1).

L'astrologie est également présente ici puisqu'il semble bien que la région de l'ancienne Rhedae reflète la constellation du « Corbeau » si l'on en croit la nomenclature des lieux (2) : Saint-Julia-de-Bec, Serres... or le corbeau était l'animal emblématique du dieu celte Lug. Lug représentait Mercure chez les Gaulois, ainsi le portail hermétique s'entrouvre à nouveau pour laisser pénétrer l'« initiable » car il est bien certain que cette partie du Razès s'apparente au « Mercure des Philosophes » et à ses longues pérégrinations. Le « corbeau » ou « corps beau » se fera par la suite décapiter afin que le *caput mortuum* ou « tête morte » soit recueilli par l'habile opérateur au sortir de l'Athanor grâce à l'intervention d'un autre dieu celte nommé Sucellus, « le Dieu au maillet » qui permettra la réalisation de la délicate « séparation » (3) du Premier Œuvre.

Si « Roco-Negro » nous rappelle la *prima materia* dans son aspect vil et crasseux, la noire matière minérale, le dragon écailleux des Sages, il incarna certainement mieux le « Roi Nègre » des *Noces chymiques de Christian Rosencreutz*, celui-là même qui persécute la jeune fiancée : *Il l'a fait emmener, puis dévêtir complètement, attacher au pilori sur un grossier échafaud et fouetter finalement il la condamne à mort. Tout cela était si pénible à voir que les larmes vinrent aux yeux à beaucoup des nôtres. Ensuite la vierge est jetée toute nue dans une prison pour y attendre la mort par le poison. Or ce poison ne la tue pas mais la rend lépreuse...* (4)

Ce curieux passage concerne quant à lui le *caput mortuum* et est extrait d'un ouvrage aussi original que fort rare, dont le manuscrit en chaldaïque ancien fut déposé chez l'éditeur de manière tout aussi anonyme qu'*Hermès dévoilé* attribué au pseudonyme de Cyliani...

> *... La tête du dragon était restée à terre ; elle prit à mes yeux la forme d'un autre petit nègre, de pareille stature que le premier et se mit à jouer du tambourin...*

Si les rocailles de Blanchefort étincelantes sous le soleil, représentent le « cristal » blanc et pur que l'on doit nécessairement connaître suivant que l'écrivit l'Adepte (du lat. *adeptus* = celui qui a trouvé... la pierre) Fulcanelli (5), celui-ci n'en est pas moins issu de l'action du soleil physique [... le soleil en est le père... (6)]. Aussi doit-on relire avec sagesse les pages du *Comte de Gabalis, ou Entretien sur les Sciences secrètes* qui provoqua un scandale à sa parution et qui émanait de la plume de l'abbé Montfaucon de Villars (7), assassiné sur la route de Lyon en 1675 : *... Il n'y a qu'à concentrer le feu du monde par des miroirs concaves dans un globe de verre et c'est ici l'artifice que tous les Anciens ont caché religieusement et que le divin Théophraste a découvert. Il se forme dans ce globe une poudre solaire, laquelle s'étant purifiée d'elle-même du mélange des autres éléments et étant préparée selon l'art, devient en fort peu de temps souverainement propre à exalter le feu qui est en nous ; et à nous faire devenir par manière de dire, de nature ignée...*

**Est-ce** alors le pur fruit du hasard si les lieux dits de « La Verrerie » et du « col de la Lucio » (*lux* = la lumière) sont situés à environ un kilomètre de la « Fontaine salée » : la rivière « Sals » incarnant si bien le « Sel » ou « Feu secret des Sages »...

Nous ne saurions trop inviter le lecteur de ces quelques lignes à se rendre en ce lieu de merveilles où souffle incontestablement l'Esprit ! De là, on distingue très nettement le plateau de Rennes derrière la vallée. On s'attendrait à y apercevoir quelque lutin en plein jour ! Comment la conscience ne s'élèverait-elle pas en cet endroit sublime ? Au nord, on aperçoit des zones tirant sur le mauve que domine le « roc de l'Aigle » (8). Le souffle divin s'engouffre dans les ruines parsemées ici et là. La terre tremble souvent à cet endroit aux dires de M. de Rignies, propriétaire du domaine. Des failles profondes de plusieurs mètres semblent exister près de la source et les roches acérées en ce lieu étrange semblent former une citadelle quasi imprenable ! Les eaux de la Sals sont effectivement salées car elles traversent par endroits des couches de sel gemme.

Suivons le cours de cette rivière enchantée jusqu'au château de Blanchefort où tout commence à prendre naissance.

Au pied du « pech Cardou », masse sombre et imposante, elle rencontre le « Realses » (Eau royale...) (9).

La queste du « Graal » commence alors pour le courageux cavalier (cabalier) qui s'exprime par la « langue des oiseaux ». Il doit remonter le courant pour revenir à ses origines s'il veut un jour retrouver l'unité.

A la hauteur du village de Montferrand (le fer...), l'artiste « crucifie » la matière en la livrant au creuset et en la soumettant à l'action des « trois pointes de fer » dont nous entretient Fulcanelli en ses *Demeures philosophales*. L'alchimiste pénètre la « matière », renouant avec le traditionnel combat du « chevalier au bouclier et à la lance » qui terrasse le dragon. La lutte est ardente entre les matières animées, aussi est-il plus que nécessaire de connaître les deux « agents minéraux » du début de l'Œuvre dont les initiales sont le « B » et le « S » comme le souligne le bon maître de Savignies : M. Eugène Canseliet unique disciple de l'Adepte Fulcanelli, en son ouvrage primordial « en marge de la science et de l'histoire » (10) à la partie consacrée à la villa Palombara à Rome. Curieusement les initiales « B » et « S » symbolisent également la Blanque et la Sals au confluent desquelles se tient le « bénitier », ainsi que le nom du fameux Béranger Saunière, curé de Rennes-le-Château qui perça « peut-être » le secret du Razès (11) ! La Tradition unique étant universellement présente, elles figurent également en bonne place au sein de l'hémicycle et millésime des Templiers au donjon du château de Chinon...

*
**

Là-bas dans le lointain, la Rennes se dresse sur sa colline : les derniers vestiges de Rhedae, à la manière d'une « couronne », la coiffent majestueusement !

La route sinueuse nous permet d'admirer les merveilles de cette région du Razès : les ruines de Coustaussa là-bas ; sur la gauche, l'important pech Cardou et au loin, le château de Bezu et le pech du Bugarach.

Comment en effet décrire l'indescriptible ?

Là-haut derrière le panneau : « Fouilles interdites », les ruines du château des Voisins nous attendent. Si les pierres pouvaient parler, que de choses nous diraient-elles ! Peut-être d'ailleurs nous en livrent-elles à leur manière ; ainsi cette curieuse roche gravée, surnommée « l'araignée » :

ou bien encore celle-ci, symbolisant peut-être Isis : la Vierge-mère, celle qui doit enfanter le « petit roi » de l'univers : l'« enfant philosophal ».

La dalle au chevalier

En effet l'église de Rennes était primitivement dédiée à Isis. Ce ne fut qu'en 70 ap. J.-C. que le « temple païen » rendit le culte à Magdala, la douce Madeleine. Bien des aspects pourraient être évoqués à ce sujet.

Prenons-en pour seul exemple le passage en ce lieu de l'enfant-roi : Sigebert IV, fils de saint Dagobert II. L'enfant n'a pas été assassiné en même temps que son père, contrairement à ce que la plupart des historiens prétendent mais il aurait été emmené à Rhedae où il serait devenu comte du Razès d'où la « dalle du chevalier » sur laquelle il est représenté à cheval, protégé par un chevalier. Il serait mort plus tard dans l'ancienne capitale wisigothe et aurait été enterré sous cette dalle en 758 ap. J.-C. Et la race des rois mérovingiens s'éteignit... officiellement !

Et à travers le « petit roi perdu » (*Regulus* : équivalent du celte *Brannos* nous ramenant à *Brân* = le corbeau) (12) c'est la constellation du « corbeau » qui réapparaît ici avec sa correspondance celtique du dieu Lug (13) : le Mercure des Gaulois = « la lumière sortant des ténèbres »...

D'ailleurs s'il en était besoin, la proximité d'un autre lieu solaire vient conforter cette constatation : le petit hameau de Granes que traditionnellement ici on appelle « gran », n'accentuant pas la dernière syllabe porteuse pourtant de l'« ès » méridional ! Ne serait-ce pas là le lien ininterrompu à la Tradition et à ses lointains secrets : le dieu « Gran, Gren » étant le nom de la divinité solaire celte que les Gaulois et les Romains avaient assimilé à Apollon ; et c'est bien ce « grain » de... beauté qui marque le col de la constellation du Corbeau. D'ailleurs toute la région contient une toponymie celte et non « méridionale » ; le « Kerkorbe » (14) en constitue un autre exemple. Tout le pays est empreint de « celtisme » et empli de souvenirs du passage des Volkes Tectosages :

Oh ! Combien ici est évidente la célèbre phrase d'Hermès : *Ce qui est en haut est comme ce qui est en bas...*

Ces deux pierres se trouvent dans une salle du château, parmi l'imposante collection de fossiles découverts dans la région. Feu M. Henri Fatin et son fils, actuel propriétaire du château de Rennes avaient entrepris une tâche colossale en établissant des rapports directs et évidents entre l'astrologie et la toponymie : une sorte de « géographie sidérale » pour employer l'expression de R.-Guy Doumayrou (15). Hélas l'inversion diabolique toujours présente et active, permit que plusieurs de ces cartes furent substituées à leurs inspirés « inventeurs ». Ainsi mettons-nous en garde le lecteur contre d'éventuelles publications à ce sujet, émanant d'imposteurs épris de facilité et de gloire vite acquise !

Plus haut que le château et sa tour « d'alchimie » la curieuse église tant décrite nous ouvre son portail hermétique. Pour une fois, négligeons le terrifiant Asmodée afin de mieux nous pénétrer du symbole religieux (*religare* : relier le ciel à la terre) suggéré par les anges qui, au nombre de quatre nous enseignent le moyen de triompher du « gardien du seuil » : *In hoc signo vinces* [par ce signe tu (le) vaincras !] nous conseille l'inscription péremptoire !

Que l'on se souvienne du sceau qui fermait la lettre de Christian Rosencreutz au premier jour de ses *Noces chymiques* (16) :

> *... En l'examinant avec attention, je découvris le petit sceau qui le cachetait et sur lequel se trouvait délicatement gravée une croix, portant l'inscription :* In hoc signo + vinces *(par ce signe tu vaincras). Dès que j'eus décripté ce signe, la confiance me revint, car j'étais absolument sûr qu'un tel sceau ne plaisait pas au diable, et qu'il n'en faisait certes pas usage. Je décachetai donc avec précaution la lettre ; écrits en lettres d'or sur champ bleu, elle contenait les vers ci-dessous...*

La « voie sèche » du creuset ne cacherait-elle pas une autre signification sous-jacente à la première en ce qui concerne le mystère de Rennes... En ce lieu de danger évident, chacun doit se montrer très prudent comme la lettre de l'Adepte le souligne un peu plus loin :

> *... Prends garde à toi !*
> *Si tu ne t'es pas purifié avec application*
> *les Noces pourront te faire dommage.*
> *Malheur à l'hésitant,*
> *gare à celui qui est trop léger !*

Saint Antoine l'Ermite dont la fête est fixée au 17 janvier, jour où les rayons solaires (17) filtrés par le vitrail d'en face se réfléchissent contre la statue du saint à l'heure précise, ne voilerait-il pas à peine, de la même manière que l'âne Timon, l'« Antimoine des Sages » : appellation de la *Prima Materia* semblable au « Saturne des Philosophes » ou encore « Plomb des Sages ». D'ailleurs si l'on décompose les deux mots Antoine l'Ermite ou plutôt A-N-T-O-I-N-E L'(H)-E-R-M-I-T-E, neuvième lame du Tarot de Marseille soulignant sa provenance hermétique (18) devient l'anagramme « antimoine lêthre » or la « lêthre » est un insecte du genre coléoptère d'un noir luisant causant parfois des dégâts sur les vignes !... Cet insecte incarne donc fort bien la « Première Matière » des Philosophes, nécessaire pour opérer le grand Œuvre par voie sèche. Quoi qu'il en soit l'emplacement de la statue de saint Antoine l'Ermite demeure un mystère ; de plus n'existe-t-il pas un lieu-dit de « l'Ermitage » au sortir de Rennes-les-Bains (la « Reine » d'en bas !) en se dirigeant sur Bézu et souvenons-nous de l'ermite des « gorges de Galamus » situées à quelque distance de là ; l'ermite étant par ailleurs, toujours lié à la Tradition primordiale. Pour la petite histoire, il est bon de se souvenir que les restes de saint Antoine sont conservés à Saint-Antoine-l'Abbaye dans le Dauphiné. Dans les hôpitaux des Antonins on soignait plus particulièrement une sorte de « lèpre sèche » provoquée par l'ergot de seigle et surnommée « le mal des ardents... »

Quant à la statue traditionnelle de saint Roch, au genou découvert, nous pensons qu'il est bien ce pèlerin dont Fulcanelli nous entretient en ces termes : *... De vieilles estampes portant la légende « Icon Peregrini »* *représentent le Mercure hermétique sous l'image d'un pèlerin gravissant un sentier abrupt et rocailleux, dans un site de rocs et de gouffres. Coiffé d'un large chapeau plat, il s'appuie d'une main sur son bâton, et tient de l'autre un écu où figurent le soleil et trois étoiles. Tantôt jeune, alerte et vêtu avec recherche, tantôt vieux, las et misérable, il est toujours suivi d'un chien fidèle qui semble partager sa bonne ou mauvaise fortune.* (19)

Mais revenons au 17 janvier qui, s'il célèbre également saint Genou (le même personnage que saint Roch : songeons au « Pas de la Roque » !) marque également la fête de sainte Roselyne dont le mythe est identique à celui de sainte Germaine de Pibrac qui se trouve en bonne place dans l'église de Rennes. C'est également le 17 janvier (symboliquement) que « tout » commença pour Nicolas Flamel...

Il est bon de savoir que le nombre 17 constitue le « nombre-clef » régissant l'ensemble du système solaire. En effet, dans *la Fin des temps* (chez Fayard éditeur, 1973, p. 184) Raoul Auclair écrit : *On trouva un nombre qui donne, en unité astronomique, avec une approximation remarquable, les distances mesurées. Or il se trouve que le 17 est la valeur numérique de ce coefficient.* C'est bien le « 17 » qui régit les proportions du château du Roi-Soleil et de son parc de Versailles... Des « pommes bleues » (20) aux « pommes d'or du jardin des Hespérides », il n'y a peut-être qu'un pas mais nous n'en dirons pas davantage ; nous tournant maintenant vers la sixième station du chemin de croix : sainte Véronique y est représentée tenant le suaire en lin, ce qui permit le calembour suivant : « Veronica au lin » = vers haut nid kaolin !

Pour l'Adepte Fulcanelli la place tenue par sainte Véronique dans la Tradition est éminente. Le mot « Véronique » ne vient pas, comme certains auteurs l'ont prétendu, du latin *Vera Iconiqua* = image véritable et naturelle ; ce qui ne nous apprend rien, mais bien du grec φερξυιχος qui procure la victoire (de φερω, porter, produire et θιχη, victoire). Tel est le sens de l'inscription latine *In signo vincens* (tu vaincras par ce signe)... (21).

Tels sont les signes laissés par l'antique tradition dans l'« Eternel Féminin » incarné, étonnant reflet de la Rennes célestielle...

Quittons ce « lieu terrible » *(Terribilis est locus iste)* où le visiteur côtoie l'Esprit ! L'Egrégore est bien partout présent sur la colline sacrée...

N'oublions pas l'autre aspect de la « Grande Noble Dame » : Rennes-les-Bains n'est pas très éloignée dans la vallée !

Non loin des lieux-dits : Prat-du-Juge, Le Carla, etc. se trouve la « Terre adamique », couleur de rouille, dont nous instruit en ces termes le disciple de l'Adepte Fulcanelli :

*Phonétiquement, Athamas, « Athamas », est le même mot qu'« Αθαηάς » ; le « delta » se substituant au « thêta », dans le dialecte éolien parlé en Béotie.*

> *Athamas renouvelle donc la personnalité puissante de l'Adam primordial, de celui dont parle saint Paul, pour l'opposer au second et qui aurait été fait de terre rouge par Dieu. C'est ce que nous confirme le savant Ambrosius Calepinus, en son* Dictionarium, *à propos du substantif grec « Adam » disparu des lexiques de notre époque : « Idem est quod Ruber, quoniam à rubra terra factus est » : celui-là même qui est rouge, parce qu'il a été fait de terre rouge.* In *Alchimie*, J.-J. Pauvert, p. 139.

Plus loin, Eugène Canseliet qualifie cette substance « d'érugineuse » et « grasse » ainsi que de « précieux limon, salé et gluant, de la Genèse biblique ».

D'ailleurs les armes de Rennes-les-Bains furent autrefois « de gueules à l'anneau d'or » puis ensuite de gueules à la croix d'or, nous indique Jean-Pierre Monteils : *... à partir de 1100 environ, la couleur rouge qui se disait autrefois rou ou règne, du haut germanique* reigner *est nommé « gueules » (de l'arabe* gal), poursuit-il !

La petite station thermale est curieuse à plus d'un titre. Que de choses ont déjà été écrites sur son église, son cimetière et son fameux menhir au « carré magique » (22) :

```
        R O T A S
        O P E R A
        T E N E T
        A R E P O
        S A T O R
```

Là encore, la recommandation est de rigueur : *In hoc signo vinces...* L'inscription se trouve ici gravée sous le crucifix à l'entrée de l'église. Dans le vieux cimetière qui attire tant de « chercheurs de trésors » chaque année, se trouve encore la tombe de celui qui « ... passa en faisant le bien ! » : le comte Paul-Urbain de Fleury ; celui qui sut très certainement conquérir la « rose » s'étant soumis préalablement aux règles de la « croix » ou du « creuset »...

Tout près d'ici se trouve la pierre branlante (Les Roulers), le Fauteuil du Diable et la source du Cercle, tant de lieux-dits sur lesquels on disserta sans tarir ! L'Homme mort, plus à l'ouest, nous entraîne immanquablement sur la voie de la nécessaire « Putréfaction ». La matière ici, meurt pour un temps afin de renaître de ses cendres ! Le promeneur inspiré saisira la substance de cette dénomination idoine à désigner ce lieu où tout semble effectivement s'endormir et l'hiver s'installer dans cette nature pour un temps illimité... Mais après la noirceur nécessaire et génératrice du « sublime » souvenons-nous ici du parfum subtil qui succède à l'incroyable puanteur se dégageant des cadavres en décomposition : renseignement aussi précieux qu'utile, fourni tant de fois par les

Alchimistes (23)) la blancheur apparaît sous la forme très pure des « Colombes de Diane » dans le Grand Œuvre éternel ! La Blanque apporte alors toute sa substance à la Sals. La source de la Madeleine et la Fontaine des Amours aux eaux ferrugineuses sont toutes proches. La Blanque rencontre la Sals au lieu-dit : « Le Bénitier » ; serait-ce pour rappeler l'eau bénite ou « benoîte » des Philosophes (24) ? Quoi qu'il en soit, après sa lutte constante l'amoureux de Science doit remonter désormais le cours de la Blanque où mille félicités l'attendent. Albedunum, la blanche, cité du Temple évanouie, se devine déjà au détour de la route. Le rocher blanc se découpe au premier plan. Le village des Baruteaux est dépositaire des secrets templiers. La légende veut que dans la nuit du 12 au 13 octobre, chaque année, en souvenir de l'arrestation des « pauvres chevaliers du Christ », on aperçoit les ombres des templiers ensevelis dans la terre de Bézu, remonter jusqu'au château et l'on entend tinter la cloche du Temple du fond du puits des Baruteaux (25)... Mais où se trouve ce mystérieux cimetière ? Un paysan a affirmé avoir retrouvé « quelque chose » ressemblant fort à des pierres tombales en labourant son champ ! Ces pierres recouvrent-elles les dépouilles des derniers dignitaires du Temple ? Quoi qu'il en soit, le « Château blanc » (*el castillo blanco* : Blanche de Castille ?) anciennement cathare puis devenu templier, servant entre autres de « relais » entre Montségur et Peyrepertuse, recèle plus d'un secret que l'Histoire seule ne peut suffire à percer... Au-dessus des Baruteaux se trouve Serre-Calmette rappelant le « Calmet » ou Antimoine des Philosophes (26). Nous sommes décidément sur la bonne voie ! Mais Albedune est aussi Bézu ! Pourquoi ce dernier nom ? Exprime-t-il une autre idée que la « blancheur » soulignée par le préfixe « albe » ? Il est tout de même curieux de noter que la racine « Beth » ou « Bez » si l'on prononce à l'anglaise, en hommage à l'abbé H. Boudet (27), signifie en hébreu : « la maison » (avec l'idée sous-jacente du Divin)... Alors on s'explique aisément pourquoi le Rédempteur est né à Bethléem (28) tandis que saint Jacques le Majeur (de Compostelle) est né à Bethsaïde, que Lazare ressuscita à Béthanie qui porte également le nom hébreu d'El Azarie (Lazare y est ! Curieuse manifestation de « la langue des oiseaux »...). Certains lieux consacrés à la naissance de l'Enfant-Dieu contiennent également la racine *beth* : Bétharram et ses grottes en constitue un vivant exemple si l'on peut dire !

L'Esprit souffle sur le petit village de Bézu ainsi que sur les ruines des « Tiplies » et de l'ancien château des Templiers. L'Égrégore y est présent à travers les âges et ces lieux sont privilégiés des dieux... Les vibrations sont pures, croyez-m'en ; mais allez vérifier vous-même ! D'ici l'on peut par temps clair contempler Montségur : le « Montsalvat des purs » et dans la direction opposée, Bugarach : le merveilleux, celui que Jean-Pierre Monteils n'hésite pas à surnommer le « mont Sinaï » du Razès !

C'est d'ailleurs vers lui que les derniers efforts de la Queste Célestielle nous mènera en remontant la Blanque jusqu'à sa source.

Notons pour l'accomplissement de la loi que la couleur pourpre de la Pierre philosophale obtenue, n'est pas absente du décor fabuleux : en effet un bloc rocheux du nom de « roc rouge » se situe derrière Bézu à la même latitude que le pech de Bugarach...

Remontons donc le cours de la Blanque jusqu'à celui-ci et admirons la masse imposante, parfois même révélatrice par la forme de ses rochers. Y trouverons-nous des gnomes ou bien des lutins semblables à ceux de « la Fontaine salée » ou bien la trace d'objets volants encore non identifiés ? Souvenons-nous des mystères qui enveloppent certaines montagnes d'Amérique du Nord : vestige de l'ancienne Lémurie et ce, bien entendu, toutes proportions gardées ! On se souvient alors du sens profond de la « montagne sacrée » que le maître-autel des églises symbolise si puissamment : *Introibo ad altare Dei* (je m'approcherai de l'autel de Dieu...).

> *... D'autres fois, on voyait brûler de grands feux au milieu des bois, permettant à une illumination bleue et blanche de pénétrer l'obscurité à travers les arbres. Entre le feu et l'observateur, on voyait passer de temps à autre, des formes étranges qui se silhouettaient sur la brillante lumière. Et parfois, quand le vent soufflait favorablement, on entendait des chants et des mélodies bizarres et une musique fantastique et belle planait ou était emportée par le vent en direction de l'une des petites villes voisines.*
>
> *... On ne connaît ni la nature ni l'origine du feu, il ne paraît être ni le flamboiement de bois ou de broussailles, ni même de pétrole ou d'essence, car sa lumière est très blanche, approchant presque d'un bleu mauve par son éclat et un certain moment de la cérémonie, des rayons de brillante lumière sont lancés dans l'air au-dessus des arbres, souvent étincelant dans le ciel et parfois teintant le bord d'un nuage qui flotte bas à cet endroit...* (29)

Existe-t-il également une population mystérieuse au Bugarach, illustrant ainsi les légendes qui font état d'un peuple troglodyte vivant dans la région de Rennes ?

Que représentent ces petites maisons circulaires en pierre des Capitelles au nord de Rennes, à l'emplacement probable d'une partie de l'ancienne Rhedae ? Les paysans de Coustaussa prétendent qu'elles ont été construites par « jeu », d'« esprit », ajouterons-nous car la plupart d'entre elles ont leurs ouvertures parfaitement orientées suivant les quatre points cardinaux et toutes ont été soigneusement bâties ! Qui vivait dans ces étroites demeures où l'on entrepose désormais du matériel de ferme ? Où se cache le terrible dragon des « Contes du Chardon » ?

Tant de mystères planent dans ce « creuset » royal où le Grand Œuvre s'élabore ! La fin du cycle est proche ; déjà les « révélations » viennent... Et au « bon maître de Savignies » de livrer son sentiment (2) :

> *On peut voir dans Mutus Liber – le livre muet de l'Alchimie – ... la « cible » aux cercles concentriques qui est le rappel coloré des cycles parcourus et de laquelle l'alchimiste, souvent représenté par le tireur à l'arc, s'applique patiemment à atteindre le centre. Ce but, ce temps, cet espace de totale félicité, c'est, pour « l'artiste », la très heureuse Arcadie que chantèrent les poètes, et dont le peintre Nicolas Poussin – le philosophe de la peinture – affleurant le Grand-Œuvre, nous laissa l'expression dépouillée et soulignée, sans tristesse véritable, de l'épitaphe fameuse :*

### ET IN ARCADIA EGO
### je suis aussi en Arcadie

> *Voilà bien qui nous déclare sans ambages que l'Adepte vit désormais dans l'âge d'or, au sein de l'éternel présent ; voilà bien qui sous-entend que le tombeau est vide de toute charnelle et authentique dépouille de même que l'était sans doute celui de Rennes-le-Château dont Gérard de Sède a mis l'énigme en lumière, dans son ouvrage passionnant, voire angoissant à l'égal d'un roman policier (L'Or de Rennes, Julliard).*
>
> *De quelle nature était là-bas la source abondante du précieux métal, qui fut non moins discrètement découverte que sans vergogne utilisée, à la fin du siècle dernier ? Alchimique inclinons-nous à croire, précisément à cause de la pierre tombale qui, dans le cimetière de ce tout petit village de l'Aude, portait encore, il y a quatre-vingts ans, l'inscription latine, transcrite en majuscules grecques aujourd'hui effacées :*

### ET IN ARCADIA EGO

En hommage au livre fort savant, consacré aux origines anglaises de la Langue Celtique, de l'abbé Boudet dont l'érudition profita très certainement à l'abbé Saunière, et en cette période de « fin de Cycle », nous ne saurons retenir davantage l'espoir ô combien formulé : *God save the Queen* —Que Dieu sauve la Rennes !...

La Science d'Hermès est la serrure du Razès, mais seul *l'Amour* en procure la clef !

Equinoxe de Printemps, 1977

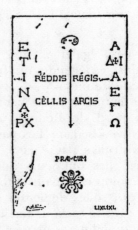

# NOTES

(1) L'auteur des *Sept Piliers de la Sagesse* aurait trouvé la mort dans un accident de motocyclette au cours de l'année 1935. L'histoire officielle prétend également que le corps du solitaire de « la colline des nuages » repose dans le petit cimetière de Moreton, mais « qu'importe » !...

(2) Cf. études très sérieuses et rigoureuses effectuées par l'éminent M. H. Fatin et par son fils, actuel propriétaire du château de Rennes.

(3) Ce dieu « au maillet » était en réalité le dieu « au tonnelet » contenant la liqueur d'immortalité des Celtes. Selon A. Savoret : *Visage du druidisme*, éd. Dervy, la confusion entre le Dispater étrusco-romain et le dieu « au tonnelet » fut facilitée par le fait que le maillet constitue bien l'outil du tonnelier ! On admet encore l'orthographe « Sucellos ».

(4) *Les Noces chymiques de Christian Rosencreutz*, J.V. Andreae.

(5) *... Pulvérisez et ajoutez la quinzième partie du tout de ce sel pur, blanc et admirable, plusieurs fois lavé et cristallisé que vous devez nécessairement connaître. Les Demeures philosophales.)*

(6) Extrait de *la Table d'Emeraude* d'Hermès Trismégiste.

(7) L'hermétique abbé était né à Villars, dans le diocèse d'Alet, en 1635.

(8) Dans le symbolisme chrétien, l'« Aigle » figure saint Jean, l'évangéliste à l'origine de la tradition johannite dont se réclamaient entre autres, Cathares et Templiers... L'Eglise ésotérique est celle de Jean et non de Pierre. C'est l'Eglise de la Sainte Gnose.

(9) Qui nous fait penser symboliquement à l'« eau régale » : « Dissolvant ou Mercure philosophique » des Adeptes (il ne s'agit évidemment pas du mélange d'acide azotique et d'acide chlorhydrique !).

(10) *Deux Logis alchimiques*, Eugène Canseliet.

(11) N'oublions pas non plus que dans l'église de Rennes, le bénitier porte les initiales « B » et « S ».

(12) *Les Celtes*, Jean Markale : *le mot vieux celtique (Brannos) qui a donné en irlandais, gallois et breton armoricain, le mot « Brân » = corbeau...*

(13) *Lug* symbolise Mercure = le Mercure philosophal, à vrai dire. Quant à Brennus, sur le plan historique, n'oublions pas qu'il s'empara en 278 avant notre ère, du fameux « trésor » de Delphes (delphes = *delphinus*, dauphin = le petit roi !).

Héraclite d'Ephèse n'avait-il pas écrit fort justement : *Le dieu dont l'oracle est à Delphes, ne parle pas, ne dissimule pas ; il indique.*

(14) Peut-être « la pierre du corbeau » ?

(15) *Géographie sidérale du pays d'oc* », R.-Guy Doumayrou, coll. 10/18.

(16) *Les Noces chymiques de Christian Rosencreutz*, Jean-Valentin Andreae, commenté par Serge Hutin.

(17) *Effet pommes bleues*, cf. le *Trésor maudit de Rennes-le-Château* de Gérard de Sède.

(18) « Le 9e Arcane du Tarot », par Ch. Vernois : revue *Hamsa* (hiver 1975). En Cabbale, « « eR Mi Te » vaut « heR Mé Tisme » pour n'employer que les consonnes sonores de la racine commune, mises dans le même ordre de ces lettres. « /L'hermite/n'est-il pas celui qui se cache au monde pour mieux chercher et découvrir en lui et autour de lui les choss cachées à ceux qui sont restés dans le monde ? »/*Le Tarot*, Andrée Petitbon, éd. Omnium littéraire.

(19) *Les Demeures philosophales*, tome I, p. 400 éd. 1964.

(20) Par allusion aux « grades bleus » de la Maçonnerie.

(21) *Les Demeures philosophales*, tome I, p. 352 éd. 1964.

(22) Une des interprétations du carré magique est celle-ci : *... Le Christ (la croix) est le seul Semeur qui tienne la roue des grâces et des évolutions bénéfiques des âmes et du monde racheté.* In *le Tarot* par A. Petitbon.

Plus prosaïquement que semble l'imaginer Pierre Plantard de Saint-Clair, le mystère du carré magique tient en trois mots (ou couples de mots) :

Sator : Semeur, Saturne & Ator : Isis = idée de fécondité,

Tenet & Tenet formant la croix au centre du carré,

Rotas : roue & Artos : l'ours et par extension : les roues de la constellation de l'Ourse ou du Chariot...

Que le lecteur à ce sujet, ne manque pas de s'imprégner des pertinentes astuces linguistiques de l'abbé Boudet ! Assurément, ce chariot-là n'est pas issu des élucubrations de ce prétendu « descendant des Mérovingiens »...

Ce « carré magique » figure également sur une médaille retrouvée dans les ruines de la ville de Pompéi, sur une bible latine de 822 ap. J.-C., sur un manuscrit grec (n° 2511) du XIIe siècle, à la Bibliothèque nationale. On le trouve également sur certains monuments (on a beaucoup parlé du château de Jarnac entre autres lieux). Notons qu'un carré magique chiffré apparaît aussi à droite de la composition gravée intitulée : « Melancolia », de l'artiste-initié : Albrecht Dürer, qui n'hésita pas à effectuer son « autoportrait au chardon » ! Ce végétal présente en effet la particularité d'amasser l'eau de pluie et par voie de conséquence, la « rosée » des philosophes. Songeons donc à l'Ordre chevaleresque d'Ecosse de Saint-André-du-Chardon. Comme le souligne fort justement René Alleau, *les Sociétés secrètes*, éd. Planète : *On peut donc se demander si Albrecht Dürer n'a pas voulu signaler par ce symbole sa qualité d'initié à une société secrète templière allemande qui aurait été en relation avec des confréries écossaises.*

« Rotas » évoque immédiatement la « Rota » ou Croix de lumière, telle qu'elle fut découverte à Hautpoul et placée par la suite dans le jardin Tournier, à Mazamet. (Cf. Roger Mazelier, in « Les Cahiers d'études cathares », n° 55.)

Notons au passage que cette Croix, assimilée hâtivement à une « croix de Lorraine », est en fait constituée d'une « croix de Saint-Jean » à branches égales, surmontant un « Tau » grec ou celtique : symbole du Temple.

La Rota figure donc bien « l'hostie-soleil » du Christ solaire, la « roue de lumière » ou « marche apparente » du Soleil, dans sa course zodiacale, sans oublier que l'inverse de Rotas est Sator = Saturne, la planète la plus éloignée du système solaire, à une époque où l'on n'avait pas encore découvert Uranus, Neptune et Pluton !

Ce qui nous amène tout naturellement à considérer le « carré magique » de Saturne qui est en plomb et se compose de trois colonnes. Bien avant Cornelius Agrippa, il fut utilisé par l'alchimiste Djabir dans un essai de théorie quantitative des composés matériels. (Cf. M. Berthelot : *La Chimie au Moyen Age*, l'Alchimie arabe, p. 150.)

1, s'associant à la qualité chaude ; 3, à la qualité froide ; 5, à la qualité humide et 8, à la qualité sèche ; dont la somme, en tant qu'une des deux clefs de la Balance des compositions, nous fournit :

$$1 + 3 + 5 + 8 = \dots\dots\dots 17 !$$

(23) Et confirmé par le chimiste M. J.-B. Orfila (1787-1853).

(24) Le Mercure est l'eau benoîte des Philosophes. Les grandes coquilles servaient autrefois à contenir l'eau bénite ; on les rencontre encore fréquemment dans beaucoup d'églises rurales. *Le Mystère des cathédrales*, p. 179.

(25) *La Venue et le séjour des templiers du Roussillon à la fin du XIIIe siècle dans la vallée du Bézu (Aude)*, abbé M.-R. Mazières.

(26) *Dictionnaire mytho-hermétique* par Dom A. Pernety, éd. « Bibliotheca Hermetica ».

(27) *La Vraie Langue celtique et le cromlech de Rennes-les-Bains*, Boudet.

(28) Littéralement : « la maison du pain ». Soulignons au passage la qualité « hermétique » de cette localité : en effet, le pain n'est-il pas « la substance qui contient tout » !... L'alchimiste Limojon de Saint-Didier n'écrivait-il pas en son *Triomphe hermétique* : *... que le cors parfait est un levain nécessaire à notre pâte : que l'esprit doit faire l'union de la pâte avec le levain, de même que l'eau détrempe la farine et dissout le levain, pour composer une pâte fermentée, propre à faire du pain... Si vous observez bien de quelle manière se fait le pain, vous trouverez les proportions que vous devez garder entre les matières qui composent votre pâte philosophique.* Cinquième clef : *Lettre aux vrais disciples d'Hermès.*

(29) *La Lémurie, continent perdu du Pacifique*, Wishar S. Cerve, éd. Rosicruciennes. Depuis les années trente, une littérature abondante concerne le mont Shasta et ses environs.

(30) In revue *Atlantis* n° 244. « Les cycles de la tradition : IV. La fin des temps ».

*Et in Arcadia ego*

> *Les philosophes instruits des secrètes opérations de la Nature ont écrit l'Histoire des Dieux et des Héros, non pour le Vulgaire, mais seulement pour le petit nombre de Sages, qui ont fait une étude particulière de ces mystérieuses opérations.*
>
> Libois, *Encyclopédie des Dieux et des Héros.*

> *Quand les dieux purifient la terre par les eaux, seuls les pâtres des montagnes sont sauvés.*
>
> Platon, *le Timée*

D'où provient le symbolisme qui entoure cette maxime énigmatique ? Quel rôle joue « l'Arcadie » mythique dans les Corbières méridionales ?

Telles sont les questions que ce petit opuscule « dédié à la postérité » tentera de résoudre en ce solstice, hélas ombrageux, de cette année mil neuf cent quatre-vingt. Ce petit texte fait directement suite à *la Rennes Pé d'Oc* qui aura peut-être ouvert la « voie » « au lecteur épris de lumière, inéluctablement attiré par la réalité hermétique... » On se souvient de la légende du berger Pâris qui, tel le Divin Pasteur n'hésite pas à abandonner son troupeau pour se lancer à la poursuite du jeune agneau qui venait de lui échapper.

L'innocence, voire pour certains, la « naïveté » qui caractérise cette scène nous rappelle bien que le royaume des Cieux appartient aux tout-petits :

> *Heureux les pauvres en esprit car le royaume des Cieux est à eux.*
> Matthieu 5 (1 à 12)

nous confie le Christ dans ses « Béatitudes » qui, au nombre de huit, correspondent aux huit branches du « chrisme » ainsi qu'aux huit pointes de la croix de gueules du Temple couvrant l'équivalent de dix-sept cases de « sable et d'argent ». C'est ce même nombre de cases (17) qu'il convient d'ajouter au carré symbolique « terrestre » (8 fois 8 = 64) pour obtenir le carré « céleste » (9 fois 9 = 81). La dix-septième lame du Tarot « l'Etoile » comporte également huit branches.

43

Légende oblige... les rois-bergers qui régnèrent de longs siècles sur la lointaine Arcadie, la Terre des Dieux par excellence, exprimaient une grande pureté tant dans leurs pensées que dans leurs actes. Les « pasteurs d'hommes », ces nomades, étaient sans conteste, ces « fidèles d'amour » dont Dante Alighieri se fit l'interprète dans la plus stricte obédience au **« Temple universel »**.

Le grand maître de l'Ecole française : le talentueux peintre Nicolas Poussin nous les fit encore mieux connaître dans sa « traditionnelle » version des *Bergers d'Arcadie* qui demeure actuellement au musée du Louvre à Paris. Nous l'examinerons d'ailleurs plus loin avec minutie dans ses moindres détails autant que la discrétion traditionnelle nous le permette. Retenons simplement pour mémoire que de toute évidence, le tombeau est vide ! Vide de toute réalité vulgaire macabre car il incarne en effet la « re-naissance » propre à l'Initiation éternelle, dans l'Amour universel et par voie de conséquence, dans la transcendante Connaissance...

Songeons un instant à l'autre Pâris, au héros mythique qui, enlevant la belle Hélène (d'*hélios* = le soleil), déclencha la sanglante guerre de Troie.

C'est par métaphore ce même épisode que le rocher voisin du mont où l'archange triompha de la bête : le Mont-Saint-Michel nous indique par son nom même : « Tombelaine », tombe d'Hélène...

Que signifie du reste l'Arcadie mythique au cœur de la Grèce antique ? C'est la terre des dieux ainsi que nous venons de le voir mais c'est aussi l'Arcadie (1) qui nous renseigne davantage quant à son origine.

Arcadie : d'*arca* = le cercueil avec le sens de cassette d'où l'idé de trésor enfoui,

et *dies* = le jour, la lumière, en même temps que la déesse fille du chaos, la mère de la première Vénus, nous enseigne « le Gaffiot ».

C'est donc la fille de la « mérelle » initiatique, la coquille saint-jacques si l'on préfère ; « mérelle » signifiant la mère de « el » = le soleil, le Divin, le Sacré. C'est bien également du jeu de la « marelle » qu'il s'agit ; le but étant bien évidemment d'atteindre le « ciel ». C'est dans la même idée : « le peigne de Jacques ».

C'est la « matière brute » renfermant le pur Mercure virginal : la Vénus de l'onde qui sortira de sa coquille : la gangue arsenicale et sulfureuse du minerai primordial. C'est l'Artiste (entendez l'Alchimiste ; l'Alchimie étant « l'Ars Magna ») qui délivrera celle-ci. A la fin du Premier Œuvre, le « signe » de sa purification apparaîtra à la surface du compost sous la forme d'une étoile argentée : « l'étoile du compost », *compost stellae* = Compostelle, qui est aussi le *campus stellae* : le champ au-dessus duquel est apparue l'Etoile, désignant par là même le lieu précis où reposait l'apôtre saint Jacques le Majeur.

D'ailleurs c'est toujours une étoile qui, traditionnellement, désigne le lieu où le miracle s'accomplit. Souvenons-nous de l'étoile de Bethléem (*beth*, en hébreu : la maison) que les bergers suivirent jusqu'à la grotte (et non la crèche) du Mystère symbolisant les entrailles de la terre-mère.

Les bergers, ces amoureux de dame Nature, les véritables initiés à la Sagesse divine, précédèrent les rois-mages en Galilée. D'ailleurs, au même titre, l'étoile du soir : « Vesper » si chère à Ovide et à Virgile, ne porte-t-elle pas le nom également d'« étoile du berger » ?

Vient encore l'étoile maçonnique à cinq branches, le pentacle sacré, exprimant l'harmonie de la section dorée (2). En son centre se trouve le « G » initiatique, le gamma « γ » désignant hiéroglyphiquement le signe du Bélier... C'est dans le ventre du bélier (la belle y est) que l'on pouvait trouver selon les vieux grimoires d'antan : « le bézoard » qui constituait un talisman magique possédant des vertus merveilleuses aux dires de ces livres oubliés. C'est « géa », la terre, « gê » = la mère des Titans, la pierre angulaire brute des Alchimistes : la *prima materia*, celle-là même qui, purifiée, donnera naissance à « l'Esmeralda » philosophique : l'émeraude des Sages. C'est encore elle qui, symboliquement, se détacha du front de Lucifer (le porteur de lumière avant sa chute) l'ange déchu au moment de sa chute et dans laquelle fut taillé le « Graal » qui recueillit le sang du Christ ; Lucifer désigne d'ailleurs une autre étoile : celle du matin, dans l'atmosphère du rêve, l'aurore vénusienne.

C'est bien encore l'étoile qui, après avoir fasciné Gérard de Nerval (3), inspira l'écrivain surréaliste André Breton, l'auteur d'*Arcane 17*. Un grand cristal polyédrique à huit pointes et de vingt-quatre facettes orne désormais le modeste tombeau de celui qui n'avait pas hésité à écrire :

*Je cherche l'Or du Temps...*

En passant par « Myriam », « Marie » : « l'étoile de la mer », revenons en Arcadie pour examiner d'où ce nom tire son origine ; il vient d'« Arcas », le héros éponyme des Arcadiens, dont la mère « Callisto » fut séduire par Zeus grâce à un stratagème. « Héra » s'en étant aperçue, métamorphosa la belle « Callisto » en ourse après lui avoir permis de donner naissance à « Arcas ». Zeus, se souvenant de sa faute et pris de remord, transforma et immortalisa l'animal en constellation aux « sept trions » (4) qui devint la « Grande Ourse ».

« Arcas » fut également plus tard métamorphosé en constellation boréale du « Bouvier » dont l'étoile « Arcturus » fait partie (*Arctos ouros* = gardien de l'Ourse) (5).

Mais le « Bouvier », ne l'oublions pas, est aussi le gardien des bœufs ! Cela nous amène à envisager la métamorphose de la nymphe Io transformée en génisse et qui, par ces mots, se confiait à celui qui donna le « feu » aux hommes : « Prométhée » :

> *Je ne trouve nul endroit*
> *Où laisser ma souffrance*
> *C'est une jeune fille qui te parle*
> *Bien que sa tête porte des cornes.*

Prométhée la reconnut à ces mots, et lui dit :

*Je te connais, Io, fille d'Inachos*
*Tu as enflammé le cœur du dieu*
*et Héra t'a prise en haine*
*C'est elle qui t'oblige à cette fuite qui ne connaît pas de fin.*

Alors ils s'entretinrent familièrement, sans contrainte. Il lui raconta comment Zeus l'avait traité et elle lui dit que c'était à Zeus qu'elle-même, jadis une princesse jeune et heureuse, devait d'être changée en :

*Un animal, une bête affamée*
*qui fuit, affolée,*
*par grands bonds maladroits*
*O honte...*

Héra, l'épouse jalouse du dieu était la cause directe de ses infortunes mais Zeus restait le grand responsable ; il envoyait :

*Dans ma chambre virginale*
*Toujours mes rêves, pendant la nuit,*
*Qui murmuraient des mots tendres et doux :*
*« O heureuse, heureuse jeune fille,*
*Pourquoi garder si longtemps ta virginité ?*
*La flèche du désir a transpercé Zeus.*
*Par toi il veut capturer l'amour.*
*Et toujours, chaque nuit, de tels rêves s'emparaient de moi. »*

Mais la crainte que la jalousie d'Héra inspirait à Zeus était plus grande encore que son amour et tout père des dieux et des hommes qu'il fût, il agit, en vérité, avec bien peu de sagesse lorsqu'il tenta de se cacher et Io avec lui en enveloppant la terre d'un nuage si épais et si sombre que la nuit sembla chasser le jour. Il devait y avoir une raison à cet étrange phénomène ; Héra le comprit parfaitement et aussitôt soupçonna son époux. Elle se mit à sa recherche et comme elle ne le trouvait nulle part au ciel, elle descendit rapidement sur la terre et donna au nuage l'ordre de disparaître. Mais Zeus avait été tout aussi prompt. Quand Héra l'aperçut, il se tenait debout à côté d'une ravissante génisse, Io, bien entendu. Il jura qu'il ne l'avait jamais vue auparavant et qu'elle venait à l'instant de jaillir de la terre. Et ceci prouve, nous dit Ovide, que les mensonges des amants n'irritent pas les dieux. Cela ne semble pas pour autant les rendre plus efficaces, car Héra n'en crut pas un mot. Elle admit que la génisse était bien jolie : Zeus consentirait-il à lui en faire présent ?

Désolé, Zeus cependant comprit aussitôt qu'un refus dénoncerait toute l'affaire. Quelle excuse pourrait-il fournir ? Une petite vache insignifiante... A regret, il donna Io à son épouse, qui trouva sans peine le moyen d'empêcher les amants de se retrouver. Elle confia Io à Argus, arrangement excellent s'il en fut en ce qui concerne Héra tout au moins car Argus avait cent yeux. Avec un tel gardien, qui pouvait dormir en fermant quelques yeux et veiller avec le reste, Zeus semblait ne plus rien pouvoir tenter. Il vit la détresse d'Io changée en bête, arrachée à sa famille et il n'osa la secourir. Cependant, il alla enfin trouver son fils Hermès, le messager des dieux et lui dit de trouver un moyen de tuer Argus. Aucun dieu n'était plus intelligent qu'Hermès.

A peine avait-il sauté du ciel sur la terre qu'il déposa tous ses attributs divins et déguisé en paysan, il se dirigea vers Argus en jouant doucement du pipeau de roseaux. Ce son plut à Argus, qui pria le musicien d'approcher. « Pourquoi ne viendrais-tu pas t'asseoir près de moi sur ce rocher ? » lui dit-il. « On y est à l'ombre, un bon endroit pour un berger. »

Rien ne pouvait mieux convenir aux projets d'Hermès, et cependant, rien ne se pasa. Hermès soufflait dans son pipeau, puis parlait, parlait, du ton le plus monotone ; quelques yeux cédaient à la somnolence et se fermaient, mais les autres restaient ouverts. Une histoire, enfin, eut plus de succès, une histoire au sujet de Pan et de son amour pour une nymphe nommée Syrinx, qui fut changée en touffe de roseaux par ses sœurs, les nymphes, au moment où il allait enfin la saisir. Pan lui dit alors : « Tu seras mienne cependant » et il fit d'elle ce qu'elle est devenue :

> *Un pipeau de berger*
> *En roseaux joints par de la cire d'abeilles.*

Si cette petite histoire ne paraît pas beaucoup plus ennuyeuse que beaucoup d'autres, Argus sembla la trouver telle. Tous ses yeux se fermèrent. Bien entendu, Hermès le tua aussitôt, mais Héra prit ses yeux et les sema sur les plumes de paon, son oiseau favori.

De la génisse, il ne reste rien en elle, sinon l'éclat de sa beauté. La nymphe, qui n'a plus besoin que du secours de deux pieds, se redresse ; elle hésitait à parler, dans la crainte de mugir comme une génisse, et c'est timidement qu'elle s'essaie de nouveau à proférer des mots dont elle a perdu l'habitude.

Aujourd'hui, déesse au renom universel, elle reçoit les hommages de la foule vêtue de lin.

Ovide, par « la foule vêtue de lin » désigne manifestement les Egyptiens qui portaient de la laine. En effet, Io correspond à Isis, la déesse mère égyptienne, représentée portant des cornes de vache.

C'est encore la *prima materia* des Alchimistes : la première matière virginale dont le *Cantique des cantiques* nous entretient en ces termes : *Je suis noire, mais belle...* [si belle (6) serions-nous tenté d'ajouter... Cybèle !]. C'est la matière primordiale volatile et pure, fixée sous la forme grossière et sulfureuse de sa gangue ! Le mythe arcadien de la naissance d'Hermès élabore subtilement cette image.

La fille d'Atlas : « Maïa » (une des sept Pléiades), de *maiola* = la truie, est la mère d'Hermès et il s'agit bien encore de la Vierge noire : « Virgo Paritura », la Vierge devant enfanter, qui donnera naissance au « Mercure philosophal » dans une grotte du mont **« Cyllène »**, montagne d'Arcadie plus connue de nos jours sous le nom de « Ziria ». Assurément le précédent vocable n'avait pas échappé au grand Adepte du siècle passé qui fut l'infortuné **« Cyliani »** !...

Hermès, fils de Zeus et de Maïa, le plus subtil et astucieux des dieux se mit à voler à merveille dans toutes les acceptions du terme puisque :

> *L'enfant naquit à l'aube*
> *Et avant que la nuit tombe*
> *Il avait dérobé les troupeaux d'Apollon* (7)

Est-ce le mont Cyllène ou bien le pech de Bugarach ?...

Pausanias, dans ses *Récits arcadiens* nous précise que le plus haut sommet de la région : « le Cyllène » avait la particularité d'abriter des « merles blancs ». N'est-ce pas une évidente allusion à la Cabale phonétique ou « langage des oiseaux » dont le merle nous fournit un des plus beaux représentants ?...

Les « merles blancs » évoquent également la blancheur du Mercure purifié au sortir du Premier Œuvre ainsi que les « sublimations philosophales » que subira la matière, entraînant l'apparition de l'île Délos et du « dauphin royal » : le bouton de retour apollinien (8) !

L'Alchimie n'est-elle pas également surnommée à juste titre : « l'art de musique » et ceci, grâce aux sibilations chromatiques que la « matière » émet au cours du Troisième Œuvre...

La Tradition exigeait donc que : *faisant suite au mont Cyllène, on trouve le/Chelidorea/où Hermès, dit-on, aurait trouvé la grande tortue* avec la carapace de laquelle il fabriqua la première lyre. Cet animal rappelle encore, s'il en était besoin, le sulfure minéral élu de tous temps que l'Artiste utilisera inéluctablement par voie sèche au sein de son « athanor » ! C'est elle qui se trouve si souvent représentée à travers l'iconographie hermétique et plus particulièrement chez le moine d'Eyrfurt : Basile Valentin, par l'intervention quelque deux siècles plus tard du typographe Jacques de Senlecque qui, sur deux scènes dédiées au moine bénédictin représenta l'animal avec pour emblème l'hiéroglyphe de Saturne : ♄, soulignant par là même la célèbre lenteur du petit animal, correspondant à la longue révolution de la planète perdue à l'autre bout de l'univers ! Saturne désigne tout naturellement le plomb et c'est bien du « Plomb des Sages » qu'il s'agit, métal pour le moins naturel quant à l'origine des caractères d'imprimerie !

Dans ses *Deux Logis alchimiques*, au chapitre consacré à « La jeune fille et la tortue caudée », le bon maître de Savignies : Eugène Canseliet n'hésita pas à écrire :

> *Selon la fable, la tortue était le symbole ordinaire du dieu Mercure, qui, l'ayant trouvée près d'un antre mangeant de l'herbe, la fit périr par le fer et grâce à la Lyre (testudo), confectionnée de sa carapace, se procura des richesses infinies.*
>
> *C'est là encore, dans la substitution fréquente du mercure à l'alchimiste, brièvement mais précisément exposé, le Grand Œuvre ou « l'art de musique » dans ses points capitaux : l'extraction de la matière du gîte minier, son avidité à l'endroit de l'esprit universel qui est vert et son exaltation passionnée par le fer.* (9)

La jeune fille associée à l'animal hermétique auquel nous venons de nous attacher évoque pour nous la légende arcadienne de la nymphe « Aréthuse » et du fleuve « Alphée ». Ovide nous fait part de cette merveilleuse histoire où, dès les premiers mots, se révèle l'aspect « philosophal » du récit, soulignant la couleur revêtue par le *spiritus mundi* lors de sa manifestation dans la « terre minérale » :

> *Cérès la nourricière, qui a retrouvé la paix depuis qu'on lui a rendu sa fille, veut savoir pour quelle raison tu t'enfuis, Aréthuse, et pourquoi tu es une source sacrée. Les eaux se turent et, du fond de la source, la nymphe*

leva la tête et, après avoir séché de sa main sa verte chevelure, elle conta les amours anciennes du fleuve d'Elide.

J'étais l'une des nymphes qui habitent l'Achaïe, dit-elle ; nulle autre ne parcourut avec plus d'ardeur les bois, nulle autre avec plus d'ardeur ne tendait les rets. Mais bien que jamais je n'aie recherché une renommée de beauté, malgré mon courage, c'est d'être belle que j'avais la réputation. Et moi, de cette figure, objet de trop de louanges, je ne tirais aucune vanité et, de ces attraits qui font d'ordinaire la joie des autres, dans mon agreste simplicité je rougissais, et j'imaginais que plaire était un crime. Lasse, je revenais, je m'en souviens, de la forêt de Stymphale. Il faisait chaud et la fatigue redoublait l'accablement de la chaleur. Je trouve sur ma route un fleuve aux eaux (10) transparentes jusqu'à leur lit même, au travers desquelles on pouvait, jusqu'au fond, compter tous les cailloux, et dont on aurait eu peine à croire qu'elles coulaient. Des saules au blanc feuillage, des peupliers nourris par l'onde dispensaient aux pentes de ses rives un ombrage dû aux seuls soins de la nature. Je m'approchai et commençai par y baigner la plante de mes pieds, puis ma jambe jusqu'au jarret ; cela ne me suffit pas : je dénoue ma ceinture, je dépose mes souples voiles sur la branche courbée d'un saule, et, nue, je me plonge dans l'eau. Tandis que je la bats, la ramène sur moi, la fendant de mille manières, que, les bras hors de l'onde, je les agite en tous sens, il me sembla entendre je ne sais quel murmure venu du milieu du gouffre. Effrayée, je prends pied sur le bord de la rive la plus proche : « Où vas-tu si vite, Aréthuse ? m'avait dit Alphée du sein de ses eaux. Où vas-tu si vite ? », m'avait-il répété d'une voix rauque. Telle que j'étais, je fuis sans vêtements : c'est sur l'autre rive que je les avais laissés. Il ne m'en poursuit qu'avec plus d'ardeur, brûlant de désirs que, parce que j'étais nue, je lui parus plus prête à satisfaire. Je courais, et lui, sauvagement, me presse, comme, d'une aile tremblante, les colombes fuient l'épervier, comme l'épervier presse les tremblantes colombes.

Jusque sous les murs d'Orchomène et de Psophis, jusqu'au Cyllène, aux retraites du Ménale, au frais Erymanthe, à Ellis, j'eus la force de courir, et il ne me gagna pas de vitesse. Mais, moi, moins résistante, j'étais incapable de soutenir longtemps cette course ; lui avait la vigueur nécessaire pour un long effort. Et pourtant, à travers les monts couverts de forêts, les pierres, les rochers, les lieux où nul chemin n'est tracé, je courus. J'avais le soleil dans le dos ; je vis devant mes pieds une ombre allongée qui me devançait – à moins que cette vision ne fut née de la peur ! – mais, à coup sûr, les bruits des pas d'Alphée me terrifiaient, et le souffle puissant de son haleine passait dans les bandelettes de mes cheveux. Brisée par la fatigue de cette fuite : « Je suis prise, viens, m'écriai-je, ô Dictynne, à l'aide de celle qui porte tes armes, à qui souvent tu confias la charge de ton arc et des flèches que referme ton carquois ! » La déesse fut émue et, tirant des épais nuages l'un d'eux, le jeta sur moi. Le fleuve va et vient autour du brouillard qui me couvre, et, ne sachant où me prendre, me cherche aux alentours de la nue creuse. Par deux *fois il fait, sans le savoir, le tour de la cachette que m'avait ménagée la déesse, et par deux fois il m'appela : « Io Aréthuse, Io Aréthuse ! » Quel fut alors, malheureuse l'état de mon esprit ? N'était-ce pas celui de la brebis, quand elle entend les loups gronder autour des profondes étables, ou du lièvre qui, caché dans un buisson, voit les gueules des chiens ses ennemis et n'ose pas faire un seul mouvement ? Alphée cependant ne s'éloigne pas, car il ne voit au-delà de ce lieu aucune trace de pas ; il surveille l'endroit et le nuage. Ainsi assiégée, une sueur glacée couvre mes membres, et des gouttes azurées coulent de tout mon corps ; partout où je posai le pied, de leur ruissellement naît une mare, et de mes cheveux coule une rosée et, en moins de temps que n'en prend le récit où je rappelle pour toi ces événements, je me vois changée en fontaine. Mais le fleuve – car il reconnaît à cette eau l'objet de son amour, – quittant l'apparence humaine qu'il avait prise, reprenant sa propre forme, se change, pour se mêler à moi, en ondes. La déesse de Délos fendit alors le sol, et moi, plongée dans d'obscures cavernes, je suis entraînée jusqu'à Ortygie, que j'aime parce qu'elle porte le surnom de ma chère déesse, ce fut elle qui, la première, me ramena à la surface de la terre, sous les cieux.*

Et elle fut métamorphosée en fontaine, mais la légende veut qu'Alphée, traversant la mer, vint la rejoindre et y mêler ses eaux, à tel point que si l'on jette encore de nos jours, des fleurs dans l'Alphée, elles réapparaissent en Sicile dans la fontaine Aréthuse.

La légende de la nymphe d'Arcadie fut également contée par Pausanias et le souvenir en fut perpétué par les Syracusains dans leur monnaie ornée pendant trois siècles (de 500 à 200 av. J.-C.) du visage d'Artéhuse entouré de « dauphins » et nous retrouvons à nouveau le symbole du Christ et de la Pierre philosophale, désignant plus précisément le « bouton de retour » qui surnage à l'issue du Second Œuvre, au sortir des sublimations philosophiques appliquées à la terre minérale...

Le mythe d'Aréthuse revêt donc une importance capitale, faisant tourner « l'essieu » du Grand Œuvre ! C'est tout le mystère de ce « feu-eau » ou de cette « eau-feu » qui recèle la nature du « Feu secret » indispensable à l'Artiste au sein de son athanor. C'est l'authentique sceau (scel = le sel...) apposé sur le livre fermé de la Philosophie.

Le fleuve Alphée, le plus important du Péloponnèse, sorti des montagnes d'Arcadie, grossi du Ladon et de l'Erymante, passant près du sanctuaire d'Olympie, traverse l'Elide et se jette dans la mer Ionienne. Sa puissance et sa passion pour Aréthuse caractérisent l'avidité du métalloïde envers « l'eau benoîte » (eau bénite) mercurielle des Philosophes. L'Adepte Limojon de Saint-Didier nous renseigne aussi « charitablement » qu'il lui est permis dans son *Triomphe hermétique*, à ce sujet :

*... La femme qui est propre à la pierre et qui doit lui être unie, est cette*

*fontaine d'eau vive, dont la source toute céleste qui a particulièrement son centre dans le soleil et dans la lune, produit ce clair et précieux ruisseau des Sages, qui coule dans la mer des Philosophes, laquelle environne tout le monde ; ce n'est pas sans fondement que cette divine fontaine est appelée par cet auteur la femme de la pierre ; quelques-uns l'ont représentée sous la forme d'une nymphe céleste ; quelques autres lui donnent le nom de la chaste Diane, dont la pureté et la virginité n'est point souillée par le lien spirituel qui l'unit à la pierre.*

Fulcanelli, en son premier tome des *Demeures Philosophales*, écrivait à propos de cette céleste créature :

*C'est elle qui dispense aux corps qu'elle enfante, ou plus exactement qu'elle réincrude, la vitalité, la végétabilité, la possibilité de mutation. Nous irons plus loin et dirons, à l'adresse de ceux qui ont déjà quelque teinture de science, que la mère commune des métaux alchimiques n'entre point « en substance » dans le Grand Œuvre, bien qu'il soit impossible, sans elle, de rien produire ni de rien entreprendre. C'est, en effet, par son entremise, que les métaux vulgaires, véritables et seuls agents de la pierre, se changent en métaux philosophiques ; c'est par elle qu'ils sont dissous et purifiés ; c'est en elle qu'ils retrouvent et reprennent leur activité perdue et, de morts qu'ils étaient, redeviennent vivants.*

Puis plus loin :

*Qu'on ne s'y laisse pas tromper ; c'est ici le nœud gordien de l'Œuvre, celui que les débutants doivent s'évertuer à dénouer s'ils ne veulent être arrêtés court au commencement de la pratique. Il existe donc une autre mère, fille de la première, à laquelle les maîtres, dans un but facile à deviner, ont également imposé la dénomination de « mercure ». Et la différenciation de ces deux mercures, l'un agent de rénovation, l'autre de procréation, constitue l'étude la plus ingrate que la science ait réservée au néophyte.*

D'ailleurs, s'il subsistait encore un doute quant à l'importance d'Aréthuse, il suffirait de se souvenir de son périple au centre de la Terre :

*La terre s'est entrouverte pour me livrer passage et, emportée dans ses profondeurs à travers ses cavernes souterraines, je viens ici relever la tête et contempler les astres dont j'avais perdu le souvenir. Donc, en coulant sous terre à travers les gouffres du Styx* (11) *de mes propres yeux j'y ai vu ta fille Proserpine.*

puis de sa remontée en Sicile et sa métamorphose en fontaine. Cela nous amène à nous souvenir que :

> *Le Mercure est une vapeur humide, élevée par l'action du feu central des entrailles de la terre qui, circulant à travers ses pores, rencontre l'air cru et est coagulée par lui en une eau onctueuse adhérant à la terre qui lui sert de réceptacle où elle est ajoutée au soufre plus ou moins pur, et au sel plus ou moins fixe, qu'elle attire de l'air et, recevant un certain degré de concoction de la chaleur centrale et de la chaleur solaire, elle est transformée en pierres et en roches, en minéraux et en métaux. Ils étaient tous formés de la même vapeur moite originelle, mais sont ainsi variés de par les différentes imprégnations du sperme, la qualité du sel et du soufre avec lesquels elle est fixée et la pureté de la terre qui lui sert de matière...*

(Extrait de *Collectanea Chemica*.)

Aréthuse est bien cette « fontaine de sagesse » emplie du « sel » de l'esprit (Matthieu 5-13 : *Vous êtes le sel de la Terre – sal petri –* sel de pierre, salpêtre...) dont la source de la Sals constitue le parfait reflet au travers du miroir, au sud-est de Rennes-les-Bains ! C'est la fontaine de jouvence qui, de nos jours encore, sert de souverain remède aux rhumatisants (12).

La lune, symbolisée par Diane (13), la vierge chasseresse des sombres forêts, préside aux mystères de la magie naturelle du crépuscule :

> *Quand la fraîcheur du soir tempère l'air, quand la lune verseuse de rosée ranime les clairières, quand le rivage retentit des chants de l'alcyon et les buissons de ceux du chardonneret.* (14)

Créatures des bois, nymphes et naïades sont présentes : Aréthuse (avant sa métamorphose) et la plus célèbre de toutes : Atalante, adoptée et nourrie par une ourse, « l'orgueil des forêts d'Arcadie » dont le père des *Fables grecques et égyptiennes dévoilées* : Dom Pernety nous entretient en ces termes :

> *Etant un jour lasse de la chasse, elle donna un coup de poinçon dans un rocher, placé auprès d'un temple d'Esculape, et en fit sortir une fontaine, de l'eau de laquelle elle se désaltéra.*
>
> *Atalante, disent les Philosophes spagyriques, n'est autre que la matière volatile du Grand Œuvre qui ne peut être arrêtée que par la matière fixe signifiée par les pommes d'or, puisqu'il n'y a rien de plus fixe que la matière radicale de l'or.*

et plus loin :

> *Il y a une autre Atalante, fille de Jasus, qui se trouva à la chasse de Calydon* (15) *; elle fut changée en lionne. L'une et l'autre ne sont chimiquement que la même personne et par conséquent la même chose.*

Et Limojon de Saint-Didier nous confirme la volatilité de cette matière véritablement « élue » dont l'Artiste doit avoir nécessairement connaissance pour entreprendre l'Œuvre par voie sèche. Le bon maître Eudoxe s'adresse à son disciple Pyrophile en ces termes :

> *Souvenez-vous des remarques que je vous ai déjà faites, touchant les trois états différents de la pierre ; et vous connaîtrez comme moi, qu'il faut qu'elle soit dans son commencement toute volatile, et par conséquent fugitive, pour être députée de toutes sortes de terrestréités, et réduite de l'imperfection à la perfection que le magistère lui donne dans ses autre états ; c'est pourquoi l'injure que l'or prétend lui faire, tourne à sa louange ; d'autant que si elle n'était volatile et fugitive dans son commencement il serait impossible de lui donner à la fin la perfection et la fixité qui lui sont nécessaires.*

On comprend désormais davantage la raison pour laquelle l'alchimiste Michel Maïer intitula son recueil d'épigrammes hermétiques : *Atalanta fugiens*, Atalante fuyant...

Le fils d'Apollon et de la nymphe Cyrène, le maître de l'Arcadie : le berger Aristée (célèbre par sa découverte que le sang corrompu de jeunes taureaux immolés a souvent produit des abeilles !) nous précise la nature instable et changeante de cette « matière » par le combat qu'il eut à livrer pour enchaîner Protée :

> *... Mais quand tes mains l'auront pris et que tu le tiendras dans les chaînes, alors, pour se jouer de toi, il prendra diverses figures et même des gueules de bêtes : tout à coup, en effet, il deviendra un sanglier hérissé, un tigre affreux, un dragon écailleux, une lionne à l'encolure fauve ; ou bien il fera entendre le bruit de la flamme qui pétille et aussi s'échappera de tes liens ; ou bien il s'en ira éparpillé en de minces filets d'eau. Mais plus il prendra de formes différentes, plus, mon fils, tu serreras l'étreinte de ses liens, jusqu'à ce qu'il redevienne, après métamorphose, tel que tu l'auras vu, quand le sommeil lui fermait les yeux.* (16)

O combien ici devient éloquente la phrase que la Pythie adressa aux Lacédémoniens, leur interdisant l'accès de l'Arcadie :

> *En Arcadie, nombreux sont les mangeurs de glands et ils s'opposeront à vous...*

En effet, le gland est bien le fruit du chêne de la connaissance : l'arbre hermétique par excellence, d'où naîtra l'œuf philosophal et dans le tronc duquel les druides placèrent si souvent des statues à l'effigie de la Vierge-mère, la Vierge noire ou « première matière » des Philosophes.

Pausanias avait aussi écrit :

> Les Arcadiens disent que le premier habitant de leur pays fut Pélasge. Ce à quoi le poète Asios ajoutait : « Sur ses hauts sommets, la terre noire enfanta Pélasge, l'égal des dieux, pour qu'il engendre à son tour la race des mortels. » (17)

Pausanias poursuivit :

> Pélasge eut un fils, Lycaon. Ce Lycaon fit bâtir la ville de Lycosoura sur le mont Lycée, institua le culte de Zeus-au-loup (Zeus Lykaios) ainsi que les Jeux lycéens qui sont, à mon avis, aussi anciens que les Panathénées d'Athènes. Ces dernières prirent ce nom au temps de Thésée et s'appelèrent ainsi parce que tous les habitants d'Athènes y participaient. Les jeux Olympiques, eux, furent institués plus tard, car c'est à Olympie, selon la Tradition, que Zeus et Cronos se combattirent et que les Curètes pratiquèrent la première épreuve de course. Pour ma part, je pense que Lycaon vécut à l'époque où Cécrops régnait sur Athènes, mais qu'il se comporta d'une façon très différente à l'égard de la divinité.
> Car Cécrops fut le premier à donner à Zeus le nom du Très-Haut et à proscrire les sacrifices d'êtres vivants pour les remplacer par des offrandes de gâteaux, appelés aujourd'hui encore pelanoi. Lycaon, au contraire, amena un jour un bébé devant l'autel de Zeus, le sacrifia et fit des libations avec son sang.
> La Tradition veut qu'à cet instant précis il ait été transformé en loup. (18)

C'est bien cet animal que Basile Valentin évoque dans ses *Douze Clefs de la Philosophie* :

> C'est pourquoi, si tu veux travailler par nos corps, prends le loup gris très avide, qui, par l'examen de son nom, est assujetti au belliqueux Mars, mais, par sa race de naissance est le fils du vieux Saturne, et qui, dans les vallées et les montagnes du monde, est en proie à la faim la plus violente. Jette à ce loup même, le corps du roi, afin qu'il en reçoive sa nourriture, et lorsqu'il aura dévoré le roi, fais un grand feu et jettes-y le loup pour le consumer entièrement, et alors le roi sera délivré.

Ainsi, le père de Callisto fut-il assimilé au « loup » tandis que la mère d'Hermès était assimilée à la laie : « maïola » (Maïa). Les deux animaux symboliques se trouvent ainsi parfaitement à leur place sur la dalle dite « au chevalier » visible actuellement au musée de Rennes-le-Château. Ce sont les deux emblèmes historiques indissolublement liés à l'Arcadie, ainsi bien évidemment qu'à l'Arcane.

Il en existe bien un troisième en relation étroite avec ces deux-ci sur lequel la légende mit particulièrement l'accent : l'ourse « Callisto » ou encore la « Grande Ourse » ou « Grand Chariot » dont Pausanias n'hésita pas à écrire :

> *Il se peut qu'on ait donné ce nom à cette constellation en l'honneur de Callisto, car les Arcadiens disent qu'en réalité elle fut enterrée sur leur sol et ils montrent même son tombeau.* (19)

C'est bien de ce tombeau qu'il s'agit et sur lequel méditent les bergers d'Arcadie interrogeant dame Nature au sujet de son origine !

L'écrivain Jacques Lacarrière dans ses *Promenades dans la Grèce antique* (20) souligne cet aspect bucolique et pastoral attaché à la mythique Arcadie.

> *Le mot Arcadie évoque une contrée idyllique, faite de montagnes et de clairières fraîches et accueillantes où des bergers passent leurs loisirs à jouer de la flûte, voire à déchiffrer des inscriptions antiques sur des tombeaux rongés de mousse...*

Nul doute que cette atmosphère se retrouve parfaitement dépeinte dans la sonate pour flûte, alto et harpe de Claude Debussy qui la qualifiait à raison de « pastorale » et qui l'avait signé précisément : « Claude Debussy, musicien **français**. » Aux dires mêmes du grand critique musicologue C. Höweler : *Toute l'Arcadie idéale se réalise un instant !*

D'ailleurs, *Pelléas et Mélisande*, drame lyrique que le poète Jean Cocteau définissait ainsi : *C'est une musique pour aveugles*, devint aussi très vite un grand opéra, initiatique au possible ! Ecrit d'après le texte de Maeterlinck, il fut toutefois en certains endroits, modifié par Debussy ! Cette œuvre est remarquable à plus d'un égard et chaque élément est en relation étroite avec la Tradition...

Goland, petit-fils du roi Arkel d'Aloemonde, marié à Ursule (Ursu = l'ourse !) pour des raisons purement politiques, a vécu uniquement pour son jeune fils Yniold après la perte de son épouse.

Etant à la chasse sur les traces d'un sanglier blessé, il rencontre au bord d'une source la jeune Mélisande qui pleure *comme une Madeleine* (serions-nous tenté d'ajouter !) et qui lui explique mystérieusement qu'elle s'est enfuie et qu'elle a lancé sa couronne dans la source, défendant bien à Goland d'essayer de la repêcher.

Perdus tous dans dans la forêt « initiatique », ils chercheront ensemble le chemin du retour. Goland ne parviendra pas à percer le secret de Mélisande bien qu'il ait épousé en secondes noces la jeune fille. Goland, craignant qu'Arkel désapprouve cette union, convient par écrit d'un signal par lequel il connaîtra la décision de son grand-père et de sa mère Geneviève. Ce signal consiste à placer une « lampe » dans une tour du château, la lueur étant visible du bateau sur lequel les deux jeunes époux embarqueront.

C'est bien ici d'un phare improvisé qu'il s'agit et que Pelléas, frère de Goland, allumera le troisième jour.

Souvenons-nous à cet égard, de la cabale phonétique et de ce que Fulcanelli écrivait en ses *Demeures philosophales* : *L'explication du schéma était simple. Ce que l'homme élève dans sa main sert de phare : phare à main, Pharamond.*

*La tour qui le supporte indique le chiffre I : Pharamond fut, dit-on, le premier roi de France.* (21)

Entre Pelléas et Mélisande naîtra une idylle émouvante et le lieu de rendez-vous qu'ils affectionneront particulièrement porte le nom de « fontaine des aveugles » ainsi surnommée car elle aurait, dit-on, rendue la vue à plusieurs personnes, mais depuis que le roi Arkel souffre de cécité complète la source a perdu sa vertu merveilleuse.

N'est-ce pas là la *source* légendaire connue des druides et que les Vierges noires symbolisent parfaitement, leurs eaux salutaires ouvrant les yeux de la connaissance et de l'amour ! Les surréalistes *Voyages en kaléidoscope* d'Irène Hillel-Erlanger soulèvent ce problème de manière très « hermétique » :

> *La salutaire Joël Joze se souvient*
> *Dans son enfance, il entendait parler de cette Source quasi miraculeuse.*
> *Elle guérissait, prétendait-on, les maux de nerfs et les maux d'yeux.*

Souvenons-nous entre autres de la Vierge noire de Limoux surnommée à juste titre : Notre-Dame de Marseille, « N.-D. des yeux gâtés » (22) !

C'est dans cette fontaine légendaire que Mélisande échappera son alliance. Elle prétendra plus tard l'avoir perdue dans une grotte au bord de la mer. La nuit suivante, sur l'ordre de Goland, elle ira en pleine nuit à la recherche de l'anneau en compagnie de Pelléas. S'approchant sans lumière de la grotte très sombre, ils attendront que les rayons de la lune l'éclairent, s'apercevant alors que trois vieillards vêtus de blanc dorment, étendus au milieu de la grotte...

Au début du troisième acte, devant une fenêtre de la tour, Mélisande se peigne les cheveux en chantant. Pelléas paraît au pied de la tour pour faire ses adieux à la jeune femme, mais Mélisande refuse alors de lui serrer la main. Mélisande se penche, ses cheveux couvrent Pelléas qui les embrasse avec passion !

Comment alors ne pas penser aux constellations de la « Dame blanche », de « la Chevelure » et du « Peigne d'or », sans entrer dans le détail, la Tradition nous imposant la discrétion !

Puis les cheveux s'emmêlent dans les branches d'un saule et Goland survient au milieu de cette scène.

Les passions se déchaînent, la jalousie éclate ! Goland tuera Pelléas, et Mélisande, innocente et blessée, aura une dernière pensée pour l'enfant, le petit Yniold qui jouait si souvent auprès de la fontaine des aveugles...

*<br>* *

L'appellation de « cercueil » que les Arabes donnaient à « la Grande Ourse » nous amène immédiatement au tombeau des bergers d'Arcadie, non pas à celui d'Arques dont l'unique énigme repose sur sept piliers mais à celui du célèbre tableau du peintre Nicolas Poussin : *les Bergers d'Arcadie*...

Si le bleu nuit est la couleur arborée par la matière au cours du Premier Œuvre, le blanc désigne la purification du mercure « blanchi » ainsi que la traditionnelle « Pierre au blanc », c'est-à-dire la poudre de projection orientée vers la transmutation du métal vil en argent, contrairement à la Pierre rouge orientée vers la transmutation du mercure vulgaire en or.

Seule, celle-ci désigne la parfaite maturité de la Pierre Philosophale devenue aussi fusible que la cire et dont la réelle vertu réside dans son application en tant que « médecine universelle » remédiant ainsi à tous les maux. C'est « l'élixir de longue vie » que l'Alchimiste a obtenu avant même la « poudre de projection » et qui lui confère l'état d'Adeptat : la parfaite maîtrise sur les éléments et la place ainsi au rang des Initiés « philosophes » : étymologiquement parlant les véritables « amis de la Sagesse »...

Ainsi, seul le berger vêtu de rouge est suffisamment proche du personnage féminin pour se permettre de l'interroger du regard au sujet de l'énigmatique inscription :

*Et in Arcadia ego !*

et il semble murmurer tel Dante dans sa *Vita Nova* : *Bienheureux, âme belle, qui te voit !*

La jeune femme, en signe de soutien naturel, pose la main droite sur son épaule. Observons bien sa vêture : toute la partie supérieure est dorée tandis que l'inférieure est sombre et se rapproche de la « couleur du temps ». Ces deux couleurs complémentaires indiquent que cet être radieux, cette nymphe sortie du fond des âges incarne présentement la Grâce accordée aux « simples d'esprit » et pourtant si proches des secrets de la Nature.

> *Les grands événements*
> *des ères révolues*
> *C'est elle son amie*
> *qui va les lui redire.*

*Sur son visage il sent
le vent sacré des origines,
Voit luire au noir des gouffres
un éternel rayon.*

nous déclare le poète Novalis.

*Au centre de l'édifice était une figure d'homme qui semblait sortir d'un tombeau, sa main appuyée sur une lance nommée natar frappait la pierre qui se refermait autrefois.*
(Variantes de la Très Sainte Trinosophie du comte de Saint-Germain.)

### ET IN ARCADIA EGO !

(Cf. N. Poussin : « Les Bergers d'Arcadie »

« Moi aussi, j'ai été en Arcadie » nous livre la fameuse composition du maître de l'Ecole française (23) ! Que de significations profanes et fallacieuses ont été données de cette réelle merveille de l'art, alors que l'essence même qui présidait à sa réalisation trouva son origine dans l'unique Tradition primordiale !...

C'est le Grand Œuvre alchimique qui est entièrement reproduit ici ! Les trois bergers portent les couleurs fondamentales de l'Œuvre : à savoir le bleu nui (noir symbolique), le blanc et le rouge. Ce sont bien entendu les couleurs du drapeau français qui furent données à l'origine par les Francs-Maçons du XVIIIe siècle, pendant la Révolution française. Notons au passage que le bonnet phrygien (24), en honneur pendant cette période, était pourtant précédemment réservé aux initiés comme en témoigne la chapelle du Saint-Sacrement de la cathédrale de Notre-Dame de Paris où l'on peut voir le disciple « secret » : Joseph d'Arimathie, coiffé dudit bonnet, recevoir le sang du Christ dans le calice ou « graal » sacré. C'est aussi très précisément « l'Emeraude des Philosophes » à laquelle nous faisions allusion précédemment...

Quant aux trois couleurs symboliques portées respectivement par chacun des bergers, que pouvons-nous en dire ?

Ces deux couleurs indiquent parfaitement le début et la fin du Grand Œuvre : de la matière première sombre et vile à la noblesse de l'Or acquise après tant d'efforts !

Songeons que c'est au fond des entrailles de la terre que réside le noir minerai d'élection indispensable à la voie sèche !

Pendant la période hivernale les esprits des éléments et particulièrement les gnomes ou esprits de la Terre travaillent et s'organisent et précisément dans les mines et les gouffres, ils préparent les minerais et les cristaux pour les amener à maturité.

Au cœur de l'hiver, le vieux Saturne veille et son influence est particulièrement ressentie dans le Capricorne, signe de terre du Zodiaque d'autant dans la période où le sombre Hadès, le dieu des Enfers, symbolisant Pluton, vient conforter son action...

Tournons-nous encore une fois vers l'ouvrage d'Irène Hillel-Erlanger pour y découvrir la merveilleuse maison de Grâce (25) :

> *Peu d'Amis visitent la Maison entière, haute et vaste derrière sa façade ancienne. Il faut une permission spéciale, rarement accordée. On raconte qu'après l'Oasis où nous venons d'entrer, il y a passé verrière cobalt après les Palmes, un escalier de pur cristal, poli, glissant. Il mène à une rotonde très magnifique, parois et pavement de lazulite, dont la coupole est taillée dans un seul saphir.*
> *Là, trois rideaux superposés. Hauts. Traînant sur les dalles :*
> *Rideau de Bure*
> *Rideau d'Argent (de toile d'argent)*
> *Rideau d'Or fin (longs fils d'or fin)*
> *et*
> *La Salle du Trésor*
> *dans des buissons suaves d'immarcessibles*
> *Roses humides de Rosée.*

*Quels Diamants et quelles Perles !*
*des fervents ont gravi les degrés de cristal,*
*des invités de bon lignage ont soulevé*
*le Rideau de Bure.*
*Certains de haut parage, ont entrouvert*
*Rideau d'Argent*
*Rideau d'Or est très secret*
*et, dans la Salle du Trésor, seuls ont pénétré des Simples. A ceux-là,*
*Grâce parle visage découvert*
*Devant les autres, quoi qu'ils implorent*
*toujours son voile mystérieux.*
*Pour gagner le Trésor, les Simples sont dispensés*
*de poser leurs pieds sur les Marches :*
*Une Aspiration, qui les élève, les transporte soudainement dans la Salle Sublime.*
*Grâce leur fait part de ses Arcanes*
*et leur révèle le Nom de son Père.*

*Quand les Simples ressortent de cet Entretien miraculeux, ils sont réellement resplendissants qu'on a peine à les reconnaître.*
*Leurs plus anciennes relations en demeurent stupides. Eux, désormais intelligents, sentent que plus rien ne leur est impossible, parce que rien ne leur est caché à cause de cette grande Lumière sur leurs Visages.*

*Voilà, entre autres choses merveilleuses, ce que les Mieux Renseignés racontent de cette Maison de Grâce.*

Mais si la Grâce est incarnée par la vêture en or, le vêtement sombre, lui, incarne la matière initiale : la troublante comtesse Véra (26) du même ouvrage.
C'est l'illusion personnifiée, « Maya » sous toutes ses formes :

*Si contrastées en apparence, Grâce et Véra – essentiellement – sont proches parentes, mieux : la même personne sous deux aspects.*
*Véra dispose de la Réalité*
*Grâce, de la Vérité*
*Qu'elle s'accroisse l'une ou l'autre, c'est au détriment l'une de l'autre, et au péril du genre humain double émanation de l'Inconnaissable comme :*
*le Temps de l'Eternité*
*la Nécessité divine et la Liberté humaine*
*Cela, sans doute, nous le comprendrons*
*un peu mieux dans un autre Plan.*

Aux accents de sa flûte immortalisant Syrinx, Pan veut bien désormais refermer le Grand Livre de la Tradition que nymphes et sylphes protègent au-delà des ans et que l'Arcadie, plus que nulle autre région conserve à jamais en son sein...

*(Car les hommes de ce temps-là vivaient en amitié avec les dieux, mangeant même à leur table, tant ils étaient justes et pieux.)* (27)

En ce 23 février, fête de Lazare, le ressuscité !...

De la célèbre toile du « chantre de la Nature » à l'éternelle vérité de Rhedae, n'y aurait-il qu'un pas !... (Esquisse d'un paysage non imaginaire.)

# NOTES

(1) Cf. *la Rennes Pé d'Oc*.
(2) La divine proportion ou « section dorée » est égale à : $\frac{1 + \sqrt{5}}{2} = 1,618$
c'est le « nombre d'or » si cher aux véritables Artistes et l'étoile à cinq branches en constitue la plus naturelle manifestation.
(3) Cf. *la Rennes Pé d'Oc*.
(4) Les « sept trions » constituent les sept étoiles du chariot de David. Notons également que le mot « triones » désigne les bœufs de labour. Les sept trions sont à l'origine du Septentrion. La « Grande Ourse » désigne également, symboliquement, la Terre sainte : l'Axieros des Cabires. De l'Extrême-Orient à l'Occident, elle fut l'objet d'un culte particulier et considérée comme « l'arche de la Tradition primordiale ». Dieu dit à Noé : *Tel est le signe de l'alliance que j'établis entre moi et toute chair qui est sur la Terre.*
(5) « Arktos » était aussi à Athènes selon Euripide et Aristophane, le surnom d'une jeune fille chaste... « Artikos », l'adjectif en dérive et signifie septentrional et donc « propre à commencer »...
« Arktos » désignait également « l'ourse » et « le pôle », ce qui ne manquera pas au Philosophe de lui remémorer les propos de saint Didier dans sa *Lettre aux vrais disciples d'Hermès* :
*Notre pratique en effet est un chemin dans des sables, où l'on doit se conduire par l'estoile du Nord, plutôt que par les vestiges qu'on y voit imprimés.*
(6) Les Romains l'appelaient « la Grande Mère des dieux » et aussi « Mater Turrita » parce que sa couronne était une tour en miniature.
(7) Notons au passage qu'Hermès était tout naturellement le « dieu des bergers » !
(8) A la fin du Second Œuvre par voie sèche, la matière livre la « remore » : le dauphin symbolique qui apparaît sous la forme d'un bouton de retour présentant une cassure à teinte franchement violette, rejoignant la « violette des Sages » de la Tradition...
(9) Ajoutons que sur la carapace le dieu adapta la peau d'un « bœuf » et y tendit ensuite « sept » cordes en boyau de « brebis » (sept métaux, sept planètes, etc.).
(10) Rajouter : coulant sans remous, sans murmure...
(11) L'eau du Styx qui coule dans les Enfers selon Homère, possédait la propriété légendaire de corrompre les métaux. Pausanias ajoutait : *L'or lui-même ne peut résister à son dangereux pouvoir. Mais au fond, il n'y a rien là de tellement étrange. La divinité n'a-t-elle pas conféré aux choses les plus viles, un pouvoir que n'ont pas souvent les plus précieuses ?*
(12) Cf. *la Rennes Pé d'Oc*.
(13) Dont le culte était célébré particulièrement à Ortygie. *Sur la mer infinie il est une île du nom d'Ortygie, un peu plus haut que Trinakia, là où sourd l'eau de l'Alphée pour se mêler à celle de l'instable Aréthuse...*
(D'après l'oracle de Delphes délivré au Corinthien Archaïas à l'occasion de son départ.)
(14) Virgile, *les Géorgiques*, livre troisième.
(15) Le terrible « sanglier »...
(16) *Les Géorgiques*, Virgile.
(17) *Récits arcadiens*.
(18) D'après l'historien et géographe Strabon : *... Ephore, quand il pense que les Pélasges étaient d'origine arcadienne, suit Hésiode qui nous dit :* « *Du fils de Pélasges, du divin Lycaon, naquirent six enfants.* » D'après Strabon, toujours : *... Les peuples qui habitent l'Arcadie, tels que les Azanes, les Parrhaüs et quelques autres, passent pour être les plus anciens peuples de la Grèce.* Puis d'ajouter en exergue : *... Les Arcadiens se donnaient pour* « autochtones » *et qui plus est pour* « Proseleni », *c'est-à-dire nés avant la lune.* Ovide en parlant d'eux écrivit : *lunā gens prior illa fuit.*
(19) *Récits arcadiens*, Pausanias.
(20) Hachette, 1978.
(21) *Les Demeures philosophales*, t. 1, chapitre consacré à la « Cabale hermétique ».
(22) Cf. *la Rennes Pé d'Oc*.
(23) Cf. *la Rennes Pé d'Oc*.
(24) C'est en Phrygie que se situe le mont Cybèle (si belle !) qui a donné son nom à la Vierge-mère, grande mère des dieux...
(25) *Voyages en kaléidoscope* d'I. Hillel-Erlanger p. 56.
(26) *Voyages en kaléidoscope*, pp. 8 et 9.
(27) Pausanias, *Récits arcadiens*.

# LE GUI DES GOTHS

*Yves Lierr*

*Le Gui des Goths*

> *J'ai possédé la branche de lierre...*
>
> (Poème du barde Taliésin.)

Ici, s'ouvre en ce brûlant solstice, le troisième volet du triptyque consacré à l'histoire (en toute acception du terme) de Rhedae : l'ancienne capitale des Wisigohts, actuellement connue sous le nom de Rennes-le-Château !

*<br>**

Nous savons à quel point cette région est empreinte de tradition celte et wisigothique. Toute sa toponymie en fait foi ! Notre objectivité est hélas faussée par le caractère péjoratif du terme « barbare » s'appliquant indifféremment aux peuples celtes, vandales, germains ou goths... La réalité est heureusement tout autre ! Remercions à cet égard Gérard de Sède pour sa réhabilitation des Goths dans son ouvrage intitulé : *le Mystère gothique* (1) :

> *Les Goths (ces « barbares » au sens gréco-romain de cet terme qui signifiait seulement « de langue étrangère ») avaient, c'est certain, atteint un très haut niveau dans tous les domaines de l'organisation sociale, de l'art et de la vie intellectuelle.*
>
> *D'où venaient-ils donc ?*
>
> *Il serait en effet du plus grand intérêt de remonter, si faire se peut, jusqu'à la source de cette civilisation disparue qui a campé sur notre propre sol, sur celui de nos voisins allemands, italiens, espagnols, sur celui de l'Ukraine, des Balkans et de la péninsule scandinave. Le problème de l'origine des Goths,* écrit avec raison Eric Oxternstiern, *est une des pierres angulaires de l'histoire.*

Paradoxalement, quant à l'importance et aux particularités du style dit « gothique », nous ne partageons pas l'opinion de Gérard de Sède mais bien plutôt celle de l'Adepte Fulcanelli (2) :

> *Pour nous, « art gothique » n'est qu'une déformation orthographique du mot « argotique », dont l'homophonie est parfaite, conformément à la loi « phonétique » qui régit, dans toutes les langues et sans tenir aucun compte de l'orthographe, la cabale traditionnelle. La cathédrale est une œuvre d'« art goth » ou d'« argot ». Or, les dictionnaires définissent l'« argot » comme étant « un langage particulier à tous les individus qui ont intérêt à se communiquer leurs pensées sans être compris de ceux qui les entourent ». C'est donc bien une « cabale parlée ». Les « argotiers », ceux qui utilisent ce langage, sont descendants hermétiques des « argo-nautes », lesquels montaient le navire « Argo », parlaient la langue « argotique », – notre langue verte, – en voguant vers les rives fortunées de Colchos pour y conquérir la fameuse « Toison d'or ». On dit encore aujourd'hui d'un homme très intelligent, mais aussi très rusé : « il sait tout, il entend l'argot ». Tous les Initiés s'exprimaient en « argot », aussi bien les truands de la « Cour des Miracles », – le poète Villon à leur tête, – que les « Frimasons », ou francs-maçons du Moyen Age, « logeurs du bon Dieu », qui édifièrent les chefs-d'œuvre « argotiques » que nous admirons aujourd'hui. Eux-mêmes, ces « nautes » constructeurs, connaissaient la route du Jardin des Hespérides...*
>
> *... L'art gothique est, en effet, l'« art got ou cot (Xo), l'art de la Lumière » ou de l'Esprit.*

La langue des oiseaux, la « langue d'oc » (d'ailleurs *« oca »* en espagnol, signifie l'*« oie »* et nous amène par extension au « jeu de l'oie » : la quête initiatique par excellence) (3) fut de tous temps le support de l'Initiation orale dispensée par les maîtres, gardiens de la Tradition. L'abbé H. Boudet, le fameux curé de Rennes-les-Bains, auteur de *la Vraie Langue celtique et le cromlech de Rennes-les-Bains* avait bien acquis cette profonde réalité qui devait donner matière à son énigmatique ouvrage dans lequel il démontre l'importance de ce qu'il nomme « la langue celtique », qu'au comble de la confusion et de l'équivoque les Wisigoths parlaient ! Ainsi allait pouvoir naître la province du Languedoc... Ceci, au demeurant, reste vrai même s'il s'agit à l'origine d'un prétexte consistant à faire passer le souriant message de notre bon abbé :

> *En effet, les Wisigoths parlant la langue celtique, le Languedoc était pour eux le Landok ou pays des chênes* – land, *pays,* – oak (ôk) *chêne, opposé au Landoïl ou pays de l'huile,* – land, *pays,* – oil (oïl), *huile – celui-ci comprenant la région habitée par les Arécomiques, et aussi certaines parties de la Provence.* (4)

Les Goths, comme les arts en témoignent, avaient atteint un haut degré de civilisation. Ils excellaient dans le travail des métaux et particulièrement dans l'orfèvrerie. Combien de fibules et de couronnes votives furent à tort attribuées à la civilisation mérovingienne qui n'avait que le mérite de reprendre à son profit les méthodes de ce peuple qualifié péjorativement de « barbare »... (le barbare n'est-il pas plutôt le « fils de l'ours » « *Bär Baur* » raison pour laquelle les Goths portaient effectivement l'ours pour emblème !).

Vers l'an 555, le moine Jornandès écrivait :

> *Les Goths ne manquèrent point d'hommes pour les instruire dans la sagesse, aussi furent-ils les plus instruits de presque tous les Barbares. Ils égalèrent presque les Grecs, comme le rapporte Dion Cassius, qui a écrit leur histoire et longuement compulsé leurs annales.*
>
> *Dicineus, voyant que les Goths étaient doués d'une intelligence naturelle, leur enseigna presque toute la philosophie, la physique, la morale et la logique, car il était maître en toutes ces sciences. Il leur apprit à observer les douze signes du Zodiaque, le passage des planètes à travers ces signes et toute l'astronomie ; comment le disque de la lune s'accroît et diminue ; combien le globe enflammé du soleil surpasse en grandeur le globe terrestre ; il leur exposa sous quels noms et sous quels signes les trois cent quarante-quatre étoiles se pressent au pôle du ciel ou s'en éloignant descendent en se précipitant à l'orient ou à l'occident.*

Quant à la religion des Goths, Gérard de Sède semble bien nous en indiquer la véritable provenance (à travers les écrits du moine Jornandès) :

> *La religion des Goths avant leur conversion au christianisme au IV$^e$ siècle, nous la connaissons surtout par les traces qu'elle a laissées dans l'Europe du Nord lors de leur séjour dans cette région. En la matière, nos sources principales d'information sont les Eddas, écrits composés alors que cette religion n'avait plus cours, sauf dans la mémoire collective sous forme d'épopées, mais fondés sur une très ancienne tradition orale.*

Gérard de Sède ajoute : « Comme le soulignent Régis Boyer et Eveline Lot-Falk » :

> *Il faut bien partir des textes scandinaves mais, répétons-le une fois encore, cela ne signifie nullement que le Nord soit le berceau de ces religions.* (5)

Les dieux et les déesses constituant les « Godhs » prirent le nom d'*Ases*. Wotan, l'Ase suprême, seul, possède les Runes : manifestations du Verbe créateur. C'est l'Ase aux corbeaux Hugin et Munin qui lui sont inséparables. Les deux loups : Geri et Treki l'accompagnent également.

Laissons de côté pour l'instant *Thor*, l'Ase au marteau : le dieu de la Foudre et *Freyr* : l'Ase de la fécondité, avec son sanglier d'or, pour nous pencher particulièrement sur le cas de *Baldr* qui possède pour attribut la jeunesse éternelle. C'est un Ase de lumière : divinité solaire par excellence. Sa réputation était d'être immortel ; il semblait protégé par une armure invisible, tous les Ases et la Nature entière ayant prêté serment de ne lui faire aucun mal. Mais la bonté, la justice, la jeunesse éternelle, dérangeaient le sombre magicien Loki qui interrogea la mère de Baldr afin de savoir s'il existait un seul être n'ayant pas prêté cet étrange serment. La réponse, hélas, fut affirmative et désigna, ô ironie du sort, une frêle tige de gui ! Loki s'empara de cette tige et ordonna à Höder, frère aveugle de Baldr, de décocher cette flèche qui atteignit son but et tua celui qui incarnait l'immortalité... Wotan perdit son fils préféré !

Cette tige de gui devait donc, par la force des choses, devenir l'instrument des présences maléfiques. C'est symboliquement, la « verge d'or » qu'utilisa Enée pour descendre aux enfers, en même temps que la baguette du sourcier servant à détecter les courants telluriques et à faire « jaillir » les sources. Cette branche de gui ainsi que le « sanglier d'or » : attribut sacré de Freyr, l'Ase de la fécondité, nous amènent tout droit au druidisme et à la civilisation celtique où l'un comme l'autre tenaient un rôle prépondérant : le premier en tant que panacée ou quintessence magique et le second en tant que symbole de la parfaite connaissance traditionnelle. N'oublions pas que le druide est le « sanglier » (6) et qu'il instruit ses fidèles disciples : « les marcassins » ! A cet égard d'ailleurs, combien est éloquente la dédicace d'E. Coarer-Kalondam de son ouvrage intitulé : *le Druidisme* (7) :

> *A mes marcassins,*
> *Passés, présents et à venir...*
> *Avec mon salut sous le chêne.*

Il ajoute plus loin :

> *Les druides se comparaient, eux-mêmes, également, au sanglier qui mène à la glandée des marcassins, appellation familière désignant ceux qui étudiaient sous leur direction.*
>
> *Comme le sanglier fouit la terre pour y trouver les racines, les tubercules, la truffe dont il se nourrit, le druide fouissait la Nature entière, sur ses trois plans, spirituel, animique et physique, pour en saisir les lois.*

Quant à Baldr, il est précisément semblable à *Oengus*, l'un des Thuatha Dé Danann irlandais, qui se fait appeler le *Mac Oc*, c'est-à-dire « le jeune fils » qui est le plus beau et le plus lumineux des hommes de sa race. Ce jeune prince a pour mère la fée *Boann* qui symbolise la déesse-mère, tout comme *Frigg*, la mère de Baldr.

Plus tard, Oengus se retirera dans sa tour de soleil où il repose à l'abri du monde profane. La fatalité semble l'y conduire et comme l'écrit fort justement Jean Markale (8) :

> *Tout se passe comme si le personnage sur lequel on fondait de grands espoirs avait été victime du sort et attendait l'heure de revenir en une sorte de dormition.*

Ainsi, Baldr comme Oengus incarnent parfaitement le mythe du « jeune fils » vaincu par trahison ou retenu dans l'autre monde... Mais c'est aussi celui qu'on attend et qui redonnera au monde l'élan vital qui lui manquait. C'es le monarque solaire et hyperboréen, roi de justice et d'amour tel Lohengrin, chevauchant Hamsa : le souffle vital porteur du Verbe rédempteur ! Ne pourrait-on pas déjà y voir une allusion au mythe du « roi perdu » sur lequel nous ne manquerons pas de revenir ultérieurement ! Pour lors, penchons-nous sur les racines celtes du Languedoc et principalement du Razès qui nous intéresse présentement.

Le IVe siècle avant notre ère, deux grandes tribus celtes venues du nord de la Belgique, s'installèrent dans le midi de la Gaule : les Volkes Arécomiques à Nîmes et les Volkes Tectosages à Toulouse ; ceux-là mêmes dont l'historien Strabon nous dit :

> *On prétend que les Tectosages eurent aussi part au sac de Delphes ; que les trésors trouvés dans la ville de Toulouse par Caepion, général des Romains, faisaient partie des richesses de Delphes ; que ces trésors furent ensuite augmentés par les offrandes que les habitants y ajoutèrent pour apaiser le courroux du dieu dont ils avaient saccagé le temple.*

Brennus s'empara donc en 279 av. J.-C. de l'« omphalos sacré de Delphes », du sanctuaire où s'exerçaient les oracles de la Pythie, comparable à l'omphalos spirituel d'Asgard où demeurent les Ases de la mythologie nordique. Ne serait-ce d'ailleurs pas aussi une allusion à l'Aggartha souterrain où vivait le « roi du monde » ! Du reste, les expéditions celtiques ont été lancées par les Bituriges (signifiant : « les rois du monde » !) à l'époque du « Ver Sacrum », printemps sacré qui eut lieu sous l'empereur romain Tarquin l'Ancien, d'après Tite-Live...

Brennus, dont la relation établie par Jean Markale avec la divinité celte *Brân* ne fait aucun doute, nous amène au mythe alchimique de la tête de « corbeau » (*bran, bren* : corbeau) (9) ou de « beau corps » ! Brennus se lance avec passion dans cette expédition, pourtant Strabon souligne que la majeure partie des « trésors de Delphes » avait été pillée précédemment par les Phocidiens... Dès lors on peut se poser la question telle que Jean Markale la soulève dans son ouvrage consacré aux Celtes :

> *Pourquoi se lança-t-il /Brennus/ aussi résolument sur Delphes ? Il est vraisemblable qu'une raison religieuse le poussait ainsi : Delphes était le sanctuaire sacré par excellence, le sanctuaire le plus vénéré d'Apollon, dieu-soleil. Or la notion de dieu-soleil, avec son symbolisme et ses prolongements métaphysiques, est en Occident d'importation indo-européenne. Primitivement, les Celtes, comme les Achéens, comme les Latins, adoraient une divinité représentée sous forme de soleil. Aux dires de Diodore de Sicile (II, 47) qui emprunte les éléments de son récit au navigateur phocéen Pythéas, l'île de Bretagne vit la naissance de Latone, mère d'Apollon, « ce qui explique pourquoi les insulaires vénèrent particulièrement Apollon. Ils sont tous pour ainsi dire prêtres de ce Dieu... On voit aussi dans cette île une vaste enceinte consacrée à Apollon, ainsi qu'un temple magnifique, de forme ronde, et de nombreuses offrandes.* On reconnaît évidemment ici le monument mégalithique de Stonehenge. Et Diodore poursuit : *Apollon passe pour descendre dans cette île tous les dix-neuf ans.* Quant aux habitants, *ils sont bienveillants envers les Grecs et les Déliens, et ces sentiments remontent à une époque très lointaine.*
>
> *Cette notion d'Apollon hyperboréen s'attache à d'obscures et antiques traditions indo-européennes. Les liens qui unissent les habitants de l'île de Bretagne aux Grecs remontent à ce fonds de légendes qu'on retrouve chez Hérodote ou Pline l'Ancien, à propos des Hyperboréens et de la naissance d'Apollon à Délos. Cicéron, dans son traité* /De Natura Deorum/, *va jusqu'à discerner différents Apollon, quatre en tout, dont le troisième « passa des régions hyperboréennes à Delphes et était fils du troisième Jupiter et de Latone ».*

Le culte delphique n'est donc pas d'origine grecque mais bien antérieur et toutes les traditions convergent pour évoquer sa création hyperboréenne.

Quittons momentanément Delphes pour considérer l'invasion étrusco-ibère dans les Pyrénées, vers le VIIe siècle av. J.-C. La peuplade Bébryce des Tarusques s'installa alors dans la région de Foix et particulièrement dans le haut Sabarthez. Le roi Bebrix régna sur les Pyrénées qui doivent leur nom à sa fille Pyrène dont nous entretient l'abbé Boudet en ces termes :

> *Suivant la mythologie, les Pyrénées appartenaient au roi Bébrix, quand Hercule, avec ses guerriers, se présenta au pied de ces montagnes. Il est hors de doute qu'Hercule a existé seulement dans les mythes grecs et latins : cependant, il est utile de le remarquer, ce héros fameux prend une réelle consistance et revêt le caractère de la vérité, dès qu'il personnifie la nation*

*celtique et la migration de ce peuple vers les contrées occidentales de l'Europe.*

La belle Pyrène s'éprit alors d'Hercule qui la séduisit dans la grotte des Tarusko devenue la grotte de Lombrives qui abrita les derniers réfugiés cathares après la chute de Montségur ! Or, si l'on se pénètre du fait que les Etrusques reconnaissaient les habitants de l'ancienne Lydie comme leurs parents directs, les Pélasges paraissent jouer un rôle fondamental à l'origine des Bébryces, desquels, si l'on en croit G. de Sède, les Volkes-Tectosages se targuaient d'assurer la descendance (10). Ceci revêt une très grande importance si l'on se souvient que Platon considérait les Pélasges, ces hommes de la mer, comme des « êtres divins » ! Ils semblent donc être porteurs d'une grande connaissance. C'est eux qui, en Lydie, fonderont la cité d'Argo donnant ainsi naissance au mythe de Jason et des Argonautes.

Mais si l'on persiste à suivre le long fil d'Ariane, on s'aperçoit que ces héros mythiques ou demi-dieux remontent selon la tradition jusqu'en... Arcadie !... Strabon, au sujet des Pélasges n'hésita pas à écrire :

*... Suivant Ephore, c'étaient originairement des Arcadiens.*

Puis il ajoute :

*Ephore, quand il pense que les Pélasges étaient d'origine arcadienne, suit Hésiode, qui nous dit : /Du fils des Pélasges, du divin Lycaon, naquirent six enfants/.*

Notons également ce qu'écrivait Strabon à propos de l'Arcadie :

*... Les peuples qui habitent l'Arcadie, tels que les Azanes, les Parrhasii et quelques autres, passent pour être les plus anciens peuples de la Grèce.* (*)

L'astérisque renvoyant à une note en bas de page, nous pouvons lire :

*... Les Arcadiens se donnaient pour /Autochtones/ et qui plus est pour /Proselini/ c'est-à-dire nés avant la lune. Ovide, en parlant d'eux, dit /lunâ gens prior illa fuit/.*

Assurément, G. de Sède souligne à juste titre cette remarque de Philostate : *Les Arcadiens sont des sangliers.* (11) Quoi de plus naturel alors de s'apercevoir que la constellation de l'Ourse s'appelait jadis le « Sanglier » (12) surtout si l'on sait que les Grecs surnommaient les Goths dont nous nous entretenions précédemment : « amaxoluoï » : les hommes du chariot ; quant à la constellation de la « Grande Ourse » n'est-elle pas aussi celle du « Chariot » !

D'ailleurs, les Goths, en tant que « barbares » étaient les « fils de l'ours », ne l'oublions pas ! L'ours leur servait donc d'emblème et ils le portaient sur leurs étendards.

Quant au sanglier : symbole éloquent de la *prima materia* des Philosophes ou matière première du Grand Œuvre alchimique, il semble bien tenir un rôle prépondérant tant dans la tradition arcadienne que gothique ou celtique !

Strabon nous indique par ailleurs que :

> *Les Tectosages étaient si puissants et nombreux qu'ils se divisèrent et une partie conquit la Phrygie.*

La Phrygie qui est une ancienne contrée du centre de l'Asie Mineure, était peuplée originairement par les Bébryces, les descendants des Pélasges, où un culte très important était rendu à la déesse Cybèle, assimilée à la déesse celtibère Belissena qui signifie « semblable à la flamme » tout comme la fille des Bébryces se dénommait Pyrène (*pyr, puros* en grec : le feu...). Comment s'étonner alors que le culte de la déesse-mère Cybèle fut si développé dans le midi de la France, associé le plus souvent au culte de Mithra !

N'oublions pas que le mithriacisme, lors de son introduction à Rome, portait le nom de « manichéisme » (13) ! C'est l'armée romaine qui servit de véhicule pour ramener d'Iran la tradition mithriaque que les Perses transmirent aux Phrygiens (Mithra ne porte-t-il pas le bonnet « phrygien », symbole de l'Initiation !) et que l'empereur Julien dit l'Apostat, transportera en Gaule pensant l'opposer avec force au christianisme grandissant.

En pays d'Arles où les saintes femmes débarquèrent, donnant naissance aux Saintes-Maries-de-la-Mer, le culte rendu à Mithra était étroitement associé à celui de Cybèle, comme en témoignent les autels tauroboliques.

La « mère des dieux » était née au sommet du mont Ida en Phrygie. Elle fut introduite à Rome au IIe siècle av. J.-C. on lui rendait un culte sur le mont Palatin dans un temple qui lui était dédié et où elle était symbolisée par une pierre noire « tombée du ciel » que l'on avait rapportée de Pessinonte. Un texte persan affirme que *Mithra est né d'une pierre et qu'il s'unit à une pierre pour engendrer un fils qui est aussi une pierre.* Nous sommes au cœur de la science d'Hermès où Mithra tient lieu de « soleil minéral » tandis que Cybèle figure la *prima materia*, féconde et unique matière indispensable à l'élaboration du Grand Œuvre par « voie sèche ». D'ailleurs, les attributs de la « Grande Déesse » l'attestent péremptoirement. Fulcanelli écrit à cet égard, en son *Mystère des cathé-*

*drales*, soulignant de surcroît l'analogie existant entre les différentes déesses-mères :

> *Cybèle était adorée à Pessinonte, en Phrygie, sous la forme d'une « pierre noire » que l'on disait être tombée du ciel. Phidias représente la déesse assise sur un trône entre « deux lions », ayant sur la tête une couronne murale de laquelle descend un « voile». Parfois, on la figure tenant une « clef » et paraissant « écarter son voile ». Isis, Cérès, Cybèle, trois têtes sous le même voile.*

Nous reviendrons sur le mythe de la tour, plus tard, sachons simplement que d'un premier abord, elle symbolise parfaitement l'« Athanor », le fourneau alchimique qui fournit l'enceinte nécessaire à l'élaboration de l'« œuf philosophal ». Quant aux autres attributs, notons que sous le « voile » d'épaisses ténèbres se cache l'énigmatique « mère » de l'Or qui détient la Clef de la Philosophie hermétique... Les deux lions l'entourant, représentent les deux animaux qui se succèdent dans le bestiaire alchimique : « lion vert », « lion rouge », permettant l'accès à la grande coction finale. Les végétaux attribués à la Grande Déesse étaient le « lierre » le « pin » dont la pomme représente le fruit aux mille facettes... Le pin était d'ailleurs l'attribut d'Attis, le prétendant de Cybèle, qui sera fêté chaque année du 15 au 27 mars. Il meurt symboliquement chaque automne pour renaître au printemps. Albert Grenier, membre de l'Institut, indique plus précisément (14) :

> *La fête d'Attis deviendra l'une des fêtes officielles de l'Etat romain. Elle se prolonge du 15 au 27 mars, symbolisant le drame de la mort et de la vie qui succède à la mort, le même thème en somme que celui d'Osiris et d'Isis.*
> *Après la procession préliminaire des roseaux du fleuve Sangarios, près duquel se localise le mythe : « canna intrat », commence une neuvaine de deuil et de pénitence. Le 22 mars, c'est la fête de l'« Arbor intrat » ; le pin sous lequel Attis est mort après s'être émasculé, est porté par la confrérie des « dendrophores » au milieu des lamentations de la foule ; il est enguirlandé des violettes nées du sang d'Attis et des bandelettes qui ont vainement pansé sa blessure. Au bout de trois jours, le 24 mars, le dieu est solennellement mis au tombeau et son arbre descendu dans la crypte du temple. C'est le jour du Sang, « Sanguis », jour d'excitation orgiastique et de sacrifice ; les galles, prêtres d'Attis, se mutilent, on asperge de sang le pin et les autels, vieux rite primitif du sacrifice pour les morts que le sang doit à nouveau vivifier, transposé désormais en un rite de substitution pour le salut de l'Empereur et de l'Empire, particulièrement, de la ville de Rome.*
> *Puis vient le jour de la résurrection, le 25 mars, le premier des jours que le soleil fait plus long que la nuit.*
> *Il est célébré par une nouvelle procession, celle des saintes images. Le*

> *peuple acclame le dieu ressuscité. Le lendemain est jours de repos férié : « requietio ». La Grande Mère de l'Ida a retrouvé son amant. Le 27 a lieu la « lavatio » : la statue de la déesse est plongée dans un cours d'eau, renouvellement du vieux rite agraire destiné à attirer la pluie. Les fêtes reprennent huit jours plus tard par l'inauguration des « Ludi Megalenses », qui inaugurent la saison théâtrale et se prolongent jusqu'au 10 avril, anniversaire de la dédicace du temple. Ce jour-là, dit Juvénal, le Cirque absorbe Rome tout entière.*
>
> *L'époque des Antonins marque un développement nouveau du culte : « le taurobole », sacrifice de rédemption et sacrement qui a pour effet de purifier et d'assurer la vie en ce monde et dans l'autre. Le taureau est immolé sur une dalle percée de trous par lesquels son sang dégoutte sur le fidèle descendu dans une fosse, comme en un tombeau. Lorsqu'il en sort, couvert du sang de la victime, c'est une résurrection. Le bénéficiaire du taurobole est adoré par la foule ; « Mortel, tu es devenu dieu. »*

Il s'agit bien d'une allusion précise à la « mort initiatique » et à la renaissance alchimique. D'ailleurs, la représentation d'Attis ornait à partir du II$^e$ siècle les tombes et les sarcophages offrant l'image parfaite de la résurrection et de la vie éternelle...

La nature se renouvelle en cette saison du printemps. Le mythe de Cybèle incarne donc bien la « fécondité » sous toutes ses formes !

> *La Grande Mère est la terre féconde qui fait croître pour le genre humain les moissons blondes et les arbres chargés de fruits ; aux espèces sauvages errant sur les montagnes, elle fournit les cours d'eau où elles s'abreuvent, les frondaisons et de gras pâturages... Divers peuples l'appellent la mère de l'Ida et lui donnent pour escorte des troupes de Phrygiens, parce que c'est en cette région que sont nées les premières céréales... Les tambourins tendus tonnent sous le choc des paumes, les cymbales concaves bruissent autour de la statue, les trompettes profèrent la menace de leur chant rauque et le rythme phrygien de la flûte jette le délire dans les cœurs.* (15)

Cybèle symbolise donc bien l'éternel féminin :

> *Dès le commencement et avant tous les siècles, j'ai été créée et je ne cesserai d'exister...* (16)

C'est bien d'elle encore qu'il s'agit, figurant sur le médaillon du portail central de Notre-Dame de Paris, portail du Verbe et de la cabale phonétique (Cybèle, Kubélé : la cavale, la cabale...) où la mère de la Philosophie brandit son sceptre dans un décor cosmique où les ondes d'en haut se reflètent en bas ; les deux plans étant rapprochés par l'échelle de la Connaissance aux neuf degrés, correspondant aux neuf opérations alchimiques dont le maître Fulcanelli nous entretint avec tant de « charité » en son *Mystère des Cathédrales*.

On sait que la Crète servit d'initiatrice à la Grèce et que la mythologie hellénique trouve sa source dans l'île sacrée puisque la Grèce a reçu ses prêtres de Crète. On peut alors se demander à juste raison, si la Crète ne servait pas d'intermédiaire entre la Grèce et une civilisation très antérieure...

H. Graillot écrivait dans *le Culte de Cybèle* :

> *C'est Rhéa-Cybèle qui, quinze siècles avant la domination romaine, veillait déjà sur le palais de Cnossos.*

et également :

> *Le culte d'une mère divine est l'un des plus anciens que nous connaissions dans la mer Egée. Son histoire commence en Crète dans le palais de Cnossos et sur le mont Ida.*

Le regretté Paul Le Cour, fondateur de l'association « Atlantis » a été l'un des premiers à souligner l'importance des déesses-mères : *Rhéa, Cybèle, Déméter, Cérès, Isis, Bérécinthe, Ops,* etc. et principalement de Cybèle qui, par association phonétique avec la « cavale » (Kubélé, caballus) nous ramenait au Verbe créateur et à l'Hermétisme en général. Parfois même, elle fut représentée avec une tête de cheval (comme la déesse gauloise *Epona*). La légende nous dit qu'elle s'était transformée en cavale pour échapper à Poséidon qui, de son côté, s'était métamorphosé en cheval. (17)

D'ailleurs, Jallabert, dans son ouvrage : *le Catholicisme avant Jésus-Christ* nous livrait une étymologie corroborant les autres (tout au moins dans l'acception mystique du nom) :

> *Le nom de Cybèle vient de Cybal qui signifie Tradition.*

Comme Paul Le Cour l'avait si bien souligné, dans le culte rendu à la « mère des dieux » le rite de la communion sous les deux espèces existait déjà :

> *Des rites de communion faisaient partie des cérémonies religieuses. On offrait a la déesse les prémisses des récoltes (de là sans doute ces tables d'offrandes avec leurs nombreuses cavités) et le prêtre partageait entre les fidèles un gâteau de pure farine, puis leur faisait boire le vin consacré (communion sous les deux espèces).*
> 
> *Sur la stèle d'Ouchak, Cybèle tient ce gâteau. De forme ronde et plate comme une hostie, il porte gravé à sa surface la fleur à six pétales, équivalent du chrisme ; ce gâteau reproduit exactement l'aspect des pains eucharistiques des premiers chrétiens.*

Cette Deum Matri, mère des Initiés, sous l'aspect de Rhéa, donnera naissance au Zeus crétois. On connaît la légende qui veut que pour empêcher que Cronos ne dévore Zeus comme ses autres enfants, sa mère l'avait remplacé par une pierre que Cronos d'ailleurs, ne pourra déglutir et rejettera en un lieu « sacré » puisqu'il donnera naissance au sanctuaire de Delphes !

Le culte de Cybèle s'associait également à celui des Cabires : les fils d'Ouranos, à propos desquels Pausanias écrivait :

> *Le lecteur me pardonnera si je ne satisfais pas sa curiosité sur les Cabires, ni sur les cérémonies de leur culte et de celui de Cybèle.* (Liv. IX et XXV.)

*Les mystères des Cabires sont ceux de Cybèle qui porta également le nom de /cubar/*, nous indique Paul Le Cour qui n'avait d'ailleurs pas hésité à écrire : *la religion des Cabires est essentiellement pélasgique* or, d'après Raoul Pictet, la religion cabirique était semblable au druidisme ! Cela nous amène naturellement à reconsidérer le problème des Pélasges : pour l'historien grec Pausanias, les « Arcadiens-Pélasges » constituaient le « peuple primitif » qui occupa les îles de la mer Egée vers le troisième millénaire av. J.-C.

En 1802, Petit-Radel, membre de l'Institut, attribua aux Pélasges, l'édification des monuments cyclopéens d'Italie, de Grèce, de Sicile, des Baléares (18). Diodore de Sicile n'avait-il pas d'ailleurs affirmé que les Pélasges avaient abordé en Crète (Liv. V, 80). Hérodote, dans son livre II /5/ précise également que les premiers habitants de Samothrace furent des Pélasges. D'après les recherches de l'éminent P. Demargne, les Lydiens et les Etrusques auraient appartenu à la même source ethnique que les Pélasges.

A propos de l'origine du mot « pélasge », Paul Le Cour n'hésita pas à écrire :

> *... Or ne semble-t-il pas logique de rattacher le mot « pélage » ou « pelask » à « pelekus », l'un des noms de la hache, et de les assimiler aux Cariens qui avaient un dieu porteur de la double hache. Les Pélasges seraient alors le « peuple de la hache », de la hache de bronze représentant la puissance ; de la hache monnaie, représentant la richese ; de la hache dite votive, associée à l'idée religieuse ; de la hache gravée dans les lieux sacrés comme témoignage de leur sanctification ou de connaissance possédées par ceux qui la tracèrent. Quand Héphaistos, qui est Vulcain, le « feu artiste » des alchimistes, le génie des transmutations conduisant à la réalisation du Grand Œuvre, fend le crâne de Zeus avec la hache symbolique, il en fait jaillir Athéna (Minerve), la Sagesse, la Connaissance.*
>
> *Au moment de la Renaissance, lorsque le sens des symboles antiques fut retrouvé, nous voyons dans un tableau célèbre de Botticelli Minerve tenant*

la hache et couronnant un centaure, un homme-cheval, c'est-à-dire un initié à cette sagesse dont Cybèle, la déesse-cheval, est la détentrice.

On pourrait aller plus loin encore sans doute, car la hache est aussi l'emblème de la Cabale, c'est-à-dire de la Tradition. N'apparaît-il pas dès lors que les Pélasges-Atlantes apportaient avec eux non seulement le culte de Poséidon, mais aussi la Tradition sacrée venue de son foyer initial l'Atlantide hyperboréenne.

Arbois de Jubainville « Premiers Habitants de l'Europe, p. 59 » considère les Pélasges comme étrangers à la race indo-européenne et les rapproche des Ibères-Atlantes.

Dans son Essai d'histoire universelle, Boulant fait des Pélasges les successeurs des Atlantes et le surnom de « Pélasgien » a été appliqué à Poséidon. La race des Pélasges a donc été à plusieurs reprises rapprochée de la race atlante. La Crète a reçu d'elle ses traditions.

Propagée dans tout le bassin méditerranéen, ces traditions, ces connaissances, lui donnaient une suprématie qui engendre encore aujourd'hui l'admiration. Il n'est plus étonnant dès lors de découvrir en Crète, en Babylonie, en Sumer, en Egypte, trois mille ou quatre mille ans avant notre ère, des civilisations déjà évoluées provenant d'une source commune sur laquelle on ne sait rien, sinon qu'elles ne viennent pas de l'Orient (cf. D$^r$ Contenau : Man. d'arch. orientale.) (19)

Et Paul Le Cour de conclure :

Si l'on admet l'hypothèse de l'Atlantide et des Pélasges-Atlantes, tout s'explique.

A propos du symbolisme entourant la « double hache », Paul Le Cour établit un rapport entre elle et le « labarum » suggérant le chrisme et qui figurait sur l'étendard de l'empereur Constantin :

En 1886, Rapp, ayant rapproché le mot « labrys » (hache) du mot « labarum » (L.B.R.) envisagea que Constantin avait voulu concilier ainsi le paganisme et le christianisme. En 1908, Conybeare publia un tableau montrant la série intermédiaire des symboles reliant la double hache au labarum.

En 1911, Schraumer publia une étude sur cette question sous le titre : « Labarum und stemaxt ». (20)

Or, lorsque Constantin eut la vision légendaire du « labarum dans le soleil », il entendit simultanément une voix lui déclarant :

Par ce signe, du vaincras.

P. Le Cour s'empressa de commenter :

> *Quant à l'expression : « Par ce signe tu vaincras », elle ne s'applique pas à des victoires remportées sur des ennemis. Il s'agit d'une victoire d'une toute autre nature, la victoire de celui qui découvre le secret des mystères. Nous avons dit déjà (cf. « A la recherche d'un monde perdu ») que le mot égyptien « Kryst » signifiait : « le possesseur du secret ».* (21)

Ainsi à travers ce labyrinthe des traditions antiques, lorsque le christianisme commença à s'instaurer, pour bon nombre des premiers chrétiens, Marie, la mère du Christ, était la nouvelle... Cybèle !

La « bonne déesse » : dame Nature, sous ses diverses apparitions, préfigure déjà la mère du Christ !

Ainsi, bien avant que le culte de la Vierge noire : N.-D. de Marceille (22), fut institué à Limoux, on y célébrait déjà la Vierge mère sous l'apparence d'Isis puis de Cybèle en l'honneur de qui un temple fut érigé dans le passé.

Il en est de même pour l'ancien évêché d'Alet (23) où un cippe dédié à Isis fut découvert et où l'on érigea un temple pour y célébrer Diane. Le professeur Gratien-Leblanc précise d'ailleurs (24) :

> *... qu'un temple fut élevé à Rhéa du temps des Romains. La tradition du « fanum de Diane » s'est longtemps perpétué et c'est peut-être elle qui sauva le monument de sa destruction au XIX$^e$ siècle.*

Les Romains surnommèrent très vite Cybèle : « Mater Turrita » à cause de sa couronne en forme de « tour ». Notons tout d'abord que le mot : couronne vient de « koroné », la corneille, le corbeau (25) : premier grade conféré dans le culte de Mithra comme le souligne l'inscription du Mithraeum de saint Prisque : *Noma coracibus tutela mercurii* (salut aux corbeaux protégés de Mercure) ; le dieu Mercure ou Lug étant « le messager des dieux » ainsi que... le petit roi !

Mais, dans la Kabbale, la couronne ne désigne-t-elle pas « Kether » : la première sephire, l'image du non-être, le « je suis » (Ehich) : la présence divine servant d'intermédiaire entre l'infini, le mystère insondable de l'Aïn-Soph et les différents sephiroth de la manifestation. Avec la Sagesse (Hochmach) et l'Intelligence (Binah), Kether forme la Trinité supérieure illustrée par le « Grand Visage » (Arikh Anpin) miséricordieux (Erckh Apayin).

La couronne est donc bien le symbole de la royauté spirituelle. D'ailleurs le chevalier de l'Apocalypse recevra cette couronne de pureté. Laissons la conclusion de ce thème à l'Adepte Fulcanelli :

> *... Or, notre couronne – les initiés savent ce dont nous entendons parler –*

*est précisémnt le domicile de l'« esprit ». C'est une misérable substance, ainsi que nous l'avons dit, à peine matérialisée, mais qui le renferme en abondance. Et c'est là ce que les philosophes antiques ont fixé dans leur « corona radiata », décorée de rayons en saillie, laquelle n'était attribuée qu'aux dieux ou aux héros déifiés. Ainsi expliquerons-nous que cette matière, véhicule de la « lumière » minérale, se révèle, grâce à la signature rayonnante de l'« esprit », comme la terre promise réservée aux élus de la Sapience.* (*Les Demeures philosophales*, t. II, p. 186.)

Mais revenons à l'attribut de Cybèle, envisagé cette fois sous l'angle de la « tour », suggérant parfaitement l'Athanor : le fourneau des alchimistes !

*Nous appelons ce fourneau Athanor, dont la forme, une tour avec un nid, me plaît beaucoup.* (*Introïtus*, E. Philalèthe.)

Quand on sait quels sont les rapports évidents qui unissent le Grand Œuvre à l'Art sacerdotal, on ne saurait s'étonner de voir porter le pain de la messe dans une petite tour par le diacre.

*Acceptaque turre diaconus in qua mysterium dominici Corporis habebatur.* (Grégoire de Tours.)

Un bien curieux site à Rhedae...

La « tour » tient également un rôle important dans la mythologie hermétique. Songeons à la mésaventure de Danaé :

La princesse Danaé, fille d'Acrisius, roi d'Argos, fut séquestrée par son père car une prédiction exigeait qu'il meurt de la main de son petit-fils. Mais Zeus, amoureux de la jeune fille, décida de se métamorphoser en une pluie d'or afin de pénétrer dans l'enceinte pour venir s'unir à Danaée. Et, de cette union naquit un fils : le héros Persée.

Ce conte, sorti tout droit de la mythologie grecque, fut, pourrait-on dire, « christianisé » à travers la légende de sainte Barbe. Notre fidèle et jeune ami P. Rivière écrivit à ce sujet dans la revue *Atlantis* (n° 281) :

> *Elle est issue de l'arbre de Jessé, tout comme la Vierge Marie. Très jeune, elle était déjà d'une grande beauté. Son père, Dioscore, un des favoris de l'empereur Maximin I$^{er}$, l'avait élevée dans le plus grand paganisme et à l'abri du monde, recluse dans une tour ; mais très tôt l'enfant s'était refusée à accepter l'éducation que son père lui imposait et une vie spirituelle intense lui avait permis de croire en l'existence d'un seul Dieu. Chaque jour, l'enfant cherchait à s'élever davantage, emprisonnée dans la tour, jusqu'au beau matin où, son père éloigné pour quelque temps, elle reçut la visite d'un saint prêtre envoyé par Origène, qui lui administra le baptême. Il lui apporta l'Esprit Saint et la notion de Trinité ; et d'ailleurs, pour honorer le Saint-Esprit, Barbe fit percer un troisième trou à sa fenêtre, qui jusque-là n'en comportait que deux. Son père, lors de son retour, fut fâché de ce qu'il apprit et décida de convertir par la force sa fille au paganisme. Celle-ci s'y refusa tant et si bien qu'elle s'enfuit dans la campagne en courant à travers champs, jusqu'à la rencontre d'un rocher en lequel elle se mua.*

La Tradition unique se perpétue ainsi à travers les mythes propres à chaque religion...

A travers contes et légendes se retrouve cette « tour de pierre » : c'est, entre autres, le secret refuge de la belle Mélusine qui, chaque samedi (allusion évidente au sabbat !) prend sa forme de sirène ou plutôt d'animal aquatique ! Le récit des amours de Raimondin et de Mélusine eut pour toile de fond la ville de Lusignan, mais bien au-delà de ce support temporel, la « Serpente » (26) se faufila, telle la wouivre des Anciens, au sein de la terre, dans le tréfonds de notre subconscient. C'est la mère « Lucine », la « mère l'Oie » des célèbres fables. A propos des contes de Perrault, André Lefèvre écrivit (27) :

> *La mère l'Oie était une reine Pédauque et elle s'appelait Berthe. Mais Berthe (Berchta) n'est pas seulement la femme de Robert et de Pépin, c'est encore une divinité germanique bien connue ; il est probable que les Francs Austrasiens de la Cour carolingienne confondaient la reine avec la déesse. Celle-ci, puissance lumineuse, file l'or et l'argent et elle est souvent représen-*

*tée comme l'amie et la compagne des enfants. D'où lui vient son pied d'oie ? Peut-être de ce qu'elle alterne dans les contes du Nord avec Freya.*

Hyacinthe Husson, dans la Chaîne traditionnelle alimenta la discussion :

*L'expression : contes de la mère l'Oye, paraîtrait provenir du souvenir de Berthe la fileuse, appelée aussi Berthe au pied d'oie et la reine Pédauque (Regina Pede aucae). Berthe au pied d'oie serait une forme différente, une variante de la femme au corps de cygne, ou au vêtement de plumes de cygne, dont il est question dans la mythologie et les contes septentrionaux et que l'on aurait identifiée et confondue, à un certain moment, avec Berthe, la femme de Pépin et la mère de Charlemagne.*

P. Saintyves, dans la Revue d'ethnographie et des traditions populaires (28) précise à propos de la reine Pédauque : *Une reine au pied d'oie ornait les portails de diverses églises du XII<sup>e</sup> siècle : de Saint-Bénigne, à Dijon ; de Saint-Pierre, à Nevers ; de Sainte-Marie, à Saint-Pourçain ; et de l'abbaye de Nesle-la-Reporte. Il se pourrait que ce type singulier eût été représenté pour la première fois par les ateliers toulousains.*

C'est en tout cas, à Toulouse que naquit la première légende relative à la reine Pédauque. Voici ce que l'on peut lire dans une très ancienne traduction française de la chronique latine de Nicolas Bertrand :

*/Marcellus, filz premier de Thabor, fut roy cinquiesme de Tolose, lequel eust une belle-fille autant doulce et aimable, que le père estoit austère et cruel, laquelle estoit appelée Austris ; et pour ce qu'elle estoit unique, elle estoit merveilleusement aymée des Tolosains ; mais Dieu voyant qu'elle n'estoit pas bonne chrétienne, et que c'estoit domaige qu'une si bonne créature fust perdue par faute de foy, il lui envoya la lèpre, de laquelle fut bientôt attaincte et maculée, mais auecques ses beaux parements, tout de pourpre, drap d'or et autres, tenoit la maladie secrette ; et ce pendant la ladicte vierge ouyct parler des vertus et miracles des sainctz Saturnin, Martial et Anthonin de Pamyès, lesquels preschaient des vertus divines à Tolose. Et feist venir ladicte vierge, saint Martial au ques autres sainctz hommes, demanda santé au nom de la Passion de Notre-Seigneur Jésus-Christ, et promit recevoir baptême si elle peut recouvrer santé, pour laquelle chose prioit Dieu, mais secretement pour euiter la fureur de son père Marcellus ; et ladicte vierge estre en lieu solitaire, pour plus cordialement vacquer à l'oraison, disoit que c'estoit chose deshonneste que les femmes eussent conversation auecque les hommes ; et pour ce feist tant par ses prières à son père, qu'il lui fict faire à Sainct-Sabran un beau logis, en la rue qu'on appelle « Peyrelada », et feist faire sur Garonne un pont et belles colonnes de pierres, et faisait entrer l'eau par lieux subterranes dedans la maison d'Austris, et si en avoit une grande affluence que là furent faictz des baingz, lesquels on appelait les bains de*

*Régine. D'aucuns disent que c'estoit la régine Pédauque. Ladicte Austris fut long-temps en ce beau logis, jaçoit que Marcellus l'eust faict faire pour plaisir et volupté, ce nonobstant ladicte vierge y adorait son Créateur. Ledict lieu est maintenant appelé la Maison de sainct Jehan, autrement la Cavalaria, et en ce dict lieu trespassa la bonne vierge, et quand son père Marcellus en eut ouy les nouvelles, il alla au logis, et entr'autres choses trouva un ymaige du Crucifix, et quand il l'apperçeut, il fut quasi demy enragé et forcené, et commença à crier et lamenter pour sa fille qui auoit laissé la foy de ses dieux ; ce nonobstant la feist ensepulturer au temple de Jupiter, pour lors, lequel maintenant on appelle l'église de la Daurade./* (A. de Beaufort, *Légendes et traditions pop. de la France*, p. 1840, in-8, pp. 199-200.)

Citons pour finir ce passage relatif à la « Reine du Ciel » et au symbolisme de la tour, extrait des lumineuses visions d'Anne-Catherine Emmerick relatées par Clemens Brentano (29) :

*Je vis le roc de pierres précieuses d'Adam paraître devant Dieu, tout resplendissant, comme s'il avait été apporté par des anges ; ce roc était taillé en degrés, il s'agrandit, il devint un trône, une tour, qui s'élargit jusqu'à tout contenir. Les neuf chœurs d'anges se tenaient tout autour, et, au-dessus d'eux dans le ciel, je vis l'image de la Vierge. C'était Marie, non dans le temps, mais dans l'éternité, en Dieu. Elle était quelque chose qui sortait de Dieu. La Vierge pénétra dans la tour, qui s'ouvrait devant elle, et ce fut comme si elle s'identifiait au monument. Quelque chose apparut, qui sortait de la très Sainte Trinité et se dirigea vers la tour pour entrer en elle.*

*Je vis également une sorte d'ostensoir au milieu des anges, qui participaient tous à sa réalisation et à sa finition : il représentait une sorte de tour ornée de toutes sortes de figures mystérieuses. Deux personnages se tenaient devant, de chaque côté, se tendant la main. Je vis quelque chose, issu de Dieu, qui passa parmi tous les chœurs angéliques et pénétra dans l'ostensoir : c'était un don sacré, étincelant, qui se précisait au fur et à mesure qu'il se rapprochait. Il m'apparut comme le germe de la bénédiction divine, destiné à une croissance très pure ; donné par Dieu à Adam, il lui fut retiré au moment où l'homme allait écouter Eve et acquiescer à son désir de cueillir le fruit défendu ; c'est la bénédiction qu'Abraham reçut de nouveau, qui fut reprise à Jacob et de nouveau confiée à Moïse, dans l'Arche d'Alliance, d'où Joachim, le père de Marie, la reçut finalement, si bien que Marie fut conçue aussi pure et immaculée qu'Eve, lorsque celle-ci fut tirée du côté d'Adam endormi. Cependant, l'ostensoir entra dans la tour.*

*Je vis également les anges préparer un calice semblable par sa forme au calice de la Cène ; ce vase entra aussi dans la tour. Sur le côté extérieur droit de la tour, il y avait du vin et du froment, comme posés sur un rebord de nuages dorés : des mains aux doigts joints se baissaient sur ce vin et ce froment.*

> *C'est alors qu'un rameau, puis un arbre entier, se dressèrent au-dessus ; les branches de cet arbre portaient des figures miniatures d'hommes et de femmes qui se tendaient les mains. La dernière fleur de cet arbre était la crèche avec l'enfant...*
>
> *... C'est ainsi que j'ai contemplé la transmission de ce mystère dans toute la lignée de Jésus-Christ, jusqu'à Joachim et Anne, le couple le plus pur et le plus saint de tous les temps, qui donna naissance à Marie, la Vierge Immaculée. Et c'est Marie finalement qui fut elle-même l'Arche d'Alliance, le Tabernacle du Mystère.*

Quant aux autres « reines » et à la fée « Mélusine » elles véhiculent ensemble la même réalité sous des aspects différents de la Grande Tradition !

Il semble bien y avoir assimilation de la « reine de Saba », l'épouse du roi Salomon, à la « reine du Midi » évoquée par Nerval et son contemporain Charles Nodier dans son ouvrage dédié à la gloire du compagnonnage : *la Fée aux miettes.*

> *... la très sage, souveraine de tous les royaumes inconnus de l'Orient et du Midi, héritière de l'anneau, du sceptre et de la couronne de Salomon, et l'unique diamant du monde.*

« Lusine » est aussi la parèdre symbolique du dieu celte « Lug » (Mercure, brân, le corbeau, le petit roi...) et comme le souligne l'érudit et regretté Louis Charpentier (30) : si Lug est une divinité d'« air » et de « feu », Lusine incarne quant à elle, la « terre » et l'« eau » ; c'est à proprement parler la terre-mère apparentée aux déesses-mères !

Ainsi donc, si Lug incarne les forces cosmiques, Lusine représente bien les forces telluriques dont firent état les druides !

Le christianisme primitif, sans nul doute, fut associé au druidisme. Le druide Benoît d'Aniane (31) fut en réalité un authentique moine bénédictin. Les premiers prêtres de l'Ordre étaient « initiés » à la science des druides. Leur centre spirituel fut tout d'abord Cîteaux, puis Clairvaux (songeons à saint Bernard et ses rapports avec l'Eglise kuldéenne par l'intermédiaire des moines de Saint-Colomban et auquel Dante fit sans ambages allusion : (32)

> *Et la reine du Ciel, pour qui brûle mon âme,*
> *Nous sera toute grâce alors ; car Notre-Dame*
> *Est toujours toute à moi, son fidèle Bernard)*

La trame du druidisme se profila toujours derrière le christianisme naisant et les abbayes bénédictines constituèrent autant de points de repère pour les « cherchants » sincères !

Mais revenons-en au symbolisme de la « tour » forteresse : « migdal » en hébreu, qui nous amène tout naturellement à la tour Magdala de Rennes-le-Château qu'érigea avec orgueil l'abbé Béranger Saunière ! « Magdala » ; c'est aussi, bien entendu, une allusion à l'église Sainte-Marie-Madeleine est là pour nous le rappeler.

Marie-Madeleine s'apparente de par son rôle, à la pécheresse originelle : **Eva**, mais également suggère la rédemptrice : Ave (Maria) : l'« étoile de la mer », par sa vie de repentir et son ascèse mystique, illuminée de la présence christique dans la grotte de Sainte-Baume.

La sainte patronnesse des cardeurs de laine, en compagnie des « saintes femmes » : Marie Jacobé et Marie Salomé, aborda en Provence aux Saintes-Maries-de-la-Mer. Etait-elle porteuse du Graal dans lequel Joseph d'Arimathie recueillit le sang du Christ ?

Le vase d'albâtre qu'elle porte traditionnellement, contient le précieux parfum avec lequel elle oignit les pieds du Divin Maître. Dans la petite église de Rennes-le-Château, elle est représentée portant, semble-t-il, un calice d'argent plutôt qu'un flacon...

Si l'on en croit les théories soutenues par Déodat Roché, Maurice Magre, Antonin Gadal et bien d'autres encore, l'hypothèse du « Graal pyrénéen » pourrait être une réalité !

Mais cela n'implique nullement que Marie-Madeleine en ait été dépositaire ! Pourtant, il est un fait curieux que nous nous devons de signaler si réellement « ce qui est en bas est comme ce qui est en haut », selon le célèbre aphorisme d'Hermès Trismégiste : la constellation australe de l'Hydre est porteuse de la coupe (le Graal) et du corbeau (le petit roi) (33) or, la région du petit roi (au cœur du Razès) n'avoisine-t-elle pas précisément celle du Graal (Montségur, Montréal-de-Sos, Lordat)...

Notons encore à propos des correspondances astrales que la Grande Ourse (34) est comparable, sur le plan symbolique, à la partie recourbée des branches du « swastika » ou croix gammée (car constituée par le Gamma grec). Elle semble ainsi être repérée simultanément dans quatre directions différentes au cours de sa révolution autour de l'étoile polaire qui incarne le centre initiatique polaire si cher aux traditions anciennes (35). Remarquons également que le système de Bételgeuse, à proximité de la constellation d'Orion, semble aussi former la lettre « G » ! L'étoile maçonnique (36) à cinq branches comporte le « G » en son centre. C'est le pentagramme sacré, formé selon la « divine proportion » : le nombre d'or (37) de la tradition pythagoricienne. Si, généralement, les artistes de la Renaissance représentèrent un homme inscrit dans l'étoile (la tête, les deux bras et les deux jambes correspondant aux cinq branches), les Celtes avaient quant à eux, poussé plus loin l'analyse :

| *Les cinq corps* | *Correspondances* |
|---|---|
| — physique | toucher et goût |
| — mental | vue |
| — astral | ouïe et odorat |
| — psychique | perception & intuition |
| — causal | parvenu à la Connaissance ou Lumière blanche (Gwenwed) |

Les Egyptiens, quant à eux, nous ont laissé de très anciens textes sur la mort qui s'intitulent : « Am Duat » = de la Pentade ! Le « duat » était comparé à une longue vallée souterraine comportant de nombreuses galeries. Dans l'une d'elles, se trouvait Osiris entouré de quarante-deux juges qui siégeaient au dernier Jugement...

*Ma seule étoile est morte...* (G. de Nerval, « El Desdichado », *les Chimères*.)

Mais l'« Etoile », nonobstant ce qui précède, est aussi la dix-septième lame du Tarot et quand on sait quelle importance revêt le nombre « 17 » dans l'histoire légendaire des deux « Rennes », on mesure l'intérêt de verser au dossier de nouveaux compléments !

Tout d'abord, le « dit » des compagnons affirme péremptoirement :

*Le Graal est 17 et il est Un.*

Nous voici à nouveau plongés dans le mythe graalien !

Le nombre 17 apparaît également dans le tracé de la croix celtique dont les données sont d'ordre sacré ; les trois cercles concentriques possèdent les proportions suivantes :

Keugant ou cercle divin : 81
Abred ou cercle des migrations : 27
Gwenwed ou cercle de la plénitude de la Connaissance, monde de la Lumière : 9

Pour déterminer un arc de 24° sur le cercle de Keugant, il faut tracer une corde d'ordre 17 sur le cercle considéré... Cet angle de 24° suggère l'angle formé par l'axe polaire et l'écliptique. Des points obtenus, traçons quatre cordes parallèles aux diamètres polaire et équinoxial. On détermine ainsi une petite croix intérieure centrale de *0,17* de côté.

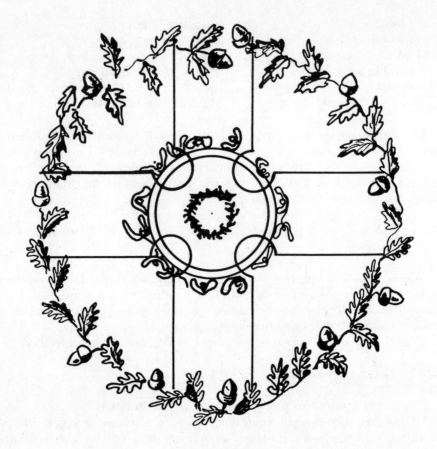

La croix celtique

Restons dans la tradition druidique : le « tribann » ou les trois cris celtiques, forme les trois voyelles primordiales « I-A-O » ainsi que les trois rais de lumière « tri bann gouloù ». Cette représentation sonore et visuelle du Créateur est fort ancienne puisque Diodore de Sicile (38) lui-même affirme qu'elle précédait le Ieve (Iod Hé Vau Hé) de l'Ancien Testament. Quant aux correspondances numériques, elles donnent le résultat suivant :

Si A « Aleph » représente l'unité
I devient 10
O « Vau » s'identifie à 6
Et 1 + 10 + 6 = *17*
Mais une tout autre association peut être aussi envisagée (39) :
En hébreu, « Dalet » (D) vaut 4

et « Mem » (M) vaut 13
d'où les initiales : *D. M. = 17*

Or, souvenons-nous du fameux message transmis à la postérité par le bon mage de Salon : Michel de Nostre-Dame (Nostradamus) (40) :

*Quand l'écriture D. M. trouvée...*

Prenons le risque d'évoquer ici ce sujet qui souleva et soulève encore tant de passions ! Mais méfions-nous de l'illusion sur ce sentier abrupt qui nous conduit de la « cave antique » du « grand Romain » à l'élection du « grand monarque » !

Combien de mystifications voire parfois d'élucubrations sincères, jalonnent ce sentier faussement « initiatique »...

M. J.-Ch. de Fontbrune (41) dans l'admirable désintéressement qui le caractérise, assuma à cet égard et ce, avec maestria, la lourde charge de « presseur de citrons » !... Quant à M. Plantard de Saint-Clair (42) et son « rejeton ardent » (le « Plant-Ard »), soulignons simplement que dans le jargon populaire qui n'a jamais cessé d'exprimer le bon sens, le « jeton » n'était qu'une fausse pièce ! « Qui aures habet audiat ! » déclara saint Jean.

Ceci étant dit, les travaux heureusement plus sérieux d'Elisabeth Bellecour (43) et de Vlaicu Ionescu nous conduisent à l'esprit sibyllin (44) qui présida à l'élaboration des fameuses *Centuries* (45) :

> */Les secrètes études/ dont il parle sont ces sciences initiatiques, indiscutablement. Or, il veut les traiter ici mathématiquement, en faisant appel à la divination rituelle. Le deuxième vers de ce quatrain le démontre : /Seul reposé sur la salle d'airain/. Or, la Pythie rendant ses oracles, à Delphes, juchée sur un trépied d'airain, ainsi que le narre Jamblique dans son ouvrage le plus célèbre.*

Les trois quatrains suivants nous entraînent au cœur du problème soulevé par le mythe du Grand Monarque :

> *Quand l'écriture D. M. trouvée*
> *Et cave antique à lampe découverte*
> *Loy, Roy et prince Ulpian esprouvé*
> *Pavillon Royne et Duc sous la couverte.* (VIII, 66)

> *Sous les antiques edefices vestaux,*
> *Non esloignez d'aque duc ruine :*
> *De Sol et Lune sont les luisans metaux,*
> *Ardante lampe Trian d'or burine.* (V, 66)

> *Roy exposé parfaira l'hecatombe,*
> *Après avoir trouvé son origine,*
> *Torrent ouvrir de marbre et plomb la tombe,*
> *D'un grand Romain d'enseigne Medusine.* (IX, 84)

Pour certains, la région élue est évidemment celle de Rhedae car, prétend-on, l'« écriture D. M. » aurait été découverte au lieu-dit « La Croix du Cercle » ! Les traditions du Razès rapportent qu'un noble chef romain mourut au cours d'un accident survenu sur l'ancienne route romaine qui longeait le pech Cardou face au Roco-Négro. Or, dans une copie d'un manuscrit remis par le D$^r$ Courrent à la Société des antiquaires de France (archives départementales de l'Aude : 2 J 46), on évoque le nom de Pompeius Quartus :

> *... Pompeius Quartus est le père du grand Pompée quy a esté le cinquième de ce nom comme il paroist par son fils quy est appelé Pompeius Sextus dont il est parlé dans l'istoire...*

« Pompeius Sextus » dit aussi « Pompeius Strabo » évoque l'arc de Sex (IV, 27/Salon, Mansol, Tarascon de Sex, l'arc/). Le « grand Romain d'enseigne médusine » serait-il Pompeius Quartus ? ou plutôt Lucius César, grièvement blessé qui fut peut-être transporté à Limoux célèbre pour sa Vierge noire : N.-D. de Marceille et ses guérisons spectaculaires (cf. *la Rennes Pé d'Oc*). Mais comme le précise Suétone, né en 17 av. J.-C., il mourut en l'an II de notre ère en la ville de Marseille... ou... « Marceille » ! Qui sait ?

Quoi qu'il en soit d'autres interprétations des « fameux quatrains » furent émises, telle l'étude publiée en 1976 (46) rédigée par Paul Bjorndahl Veggerby et basée sur les fouilles archéologiques réalisées par Léon Joulin, de 1897 à 1899. Le temple en ruine semble avoir été fondé à l'époque d'Auguste et reconstruit sous l'empereur Trajan (47) /*Ardente lampe Trian d'or buriné* V, 66/... Léon Joulin précisa : *Un canal maçonné à ciel ouvert, de 0,60 m de large et 0,50 m de profondeur longe les bâtiments* /*Non esloignez d'aque duc ruine* V, 66/...

La pierre « D. M. » fut également découverte sur le vieux chemin romain près de Martres-Tolosane ! Pour P.B. Veggerby, le site de Martres-Tolosane est bien celui qui ne cessa d'évoquer le grand mage de Salon : *Les /Centuries de Nostradamus contiennent une série de quatrains, dite « Le récit du temple », qui a révélé l'endroit dans le midi de la France. Beaucoup des quatrains de Nostradamus traitent des ruines gallo-romaines, et Nostradamus relate qu'un trésor est caché sous ces ruines. Une colonne de porphyre (48) au bord de la Garonne est le point de départ de nos recherches.*

Pour d'autres encore, le site évoqué serait celui des « Alpilles », situé au cœur du « triangle sacré » : Avignon, Arles et Salon-de-Provence.

Le regretté Eric Muraise, dans ses ouvrages : *Saint-Rémy-de-Provence ou les secrets de Nostradamus* (49) et *Histoire et légende du grand monarque* (50), argumente parfaitement cette hypothèse. Pour lui, le cénotaphe des « antiques » dont les arches timbrées de têtes de méduse suggèrent la dignité consulaire des Princes, constitue le tombeau évoqué dans les *Centuries*. Sur la frise nord du monument se lit une inscription :

| | | |
|---|---|---|
| SEX. L.M. | qu'il faut traduire | SEXTIUS LUCIUS MARCUS |
| IVLIEI. C. F. | ainsi : | FILS DE CAIUS JULIUS |
| PARENTIBVS SVEIS | | A LEURS PARENTS |

Le quatrain IV, 27 ne précise-t-il pas qu'il s'agit de « l'arc de Sex » et que ce lieu constitue la sépulture d'un grand Romain (si l'on s'en réfère aux quatrains précédemment cités) par l'expression « tête médusine » ! Ce pourrait donc être la tombe symbolique de Lucius et de son épouse. Lucius César : « prince de la jeunesse avec son frère Caïus » et consul à dix-neuf ans (celui-là même qui mourut en l'an II à Marseille, voire... Marceille !) était triumvir et avait ainsi droit à la tête de méduse pour emblème.

Une première série de quatrains (51) permettrait d'affirmer qu'il s'agissait d'un /édifice romain analogue au temple de Vesta/ situé près d'un /aqueduc ruiné/ et pourvu d'une /lampe perpétuelle/. Il contenait un sépulcre de plomb et de marbre protégé par le sigle D.M.

> ... *On ne peut douter que le site indiqué fut celui des Antiques de Saint-Rémy-de-Provence. Là, se trouve le cénotaphe des Jules que Nostradamus appelle la Pyramide et l'Arc de Sex (pour Sextus). Il avait des correspondances avec le temple de Vesta. Dans les deux cas, un feu perpétuel y brillait ; les monuments se trouvaient près d'un aqueduc ruiné : celui de Claude et celui d'Arles, au pied d'un mont : le Palatin et le Gaussier.* (52)

A propos de ce site exceptionnel, n'oublions pas que si le culte porté aux deux frères Caïus et Lucius César, fut à l'origine de l'édification de la notoire « Maison carrée » de Nîmes, cette admiration vouée aux deux « princes de la jeunesse » fut également à l'origine de l'érection du temple géminé situé face aux Antiques : celui de Glanum.

La source sacrée de Glanum était reconnue pour la qualité de ses vertus thérapeutiques. La « glane » était en quelque sorte la fontaine de santé ! Apollon Glanis et ses compagnes les « Matres Glanicae » (53) dispensaient la parfaite santé en ce lieu privilégié. Parmi les ruines de Glanum, on peut encor admirer un autel votif dédié aux « Oreilles de Cybèle », la bonne déesse, par sa pieuse servante Loreia. Selon la Kabbale et la gnose, ne serait-ce pas une allusion directe au Verbe créateur qui engendre « par l'ouïe » et dispense la vie par des vibrations sonores... Une table d'offrandes, une dédicace à Cybèle par la confrérie des « Dendrofori Glanici » ainsi que deux bas-reliefs représentant Attis, Mercure et la bonne Fortune ont également été mis à jours lors des fouilles.

Le site de Glanum et des Antiques semble bien être celui que ne cessa d'évoquer Nostradamus dans ses mémorables prophéties. Quoi qu'il en soit, si les initiales « D. M. » signifient « Diis Manibus » (« aux dieux mânes »), soulignant par là même, le caractère inviolable des tombes romaines ; ce sigle se retrouve dans toute la Provence, des Alyscamps d'Arles au musée de Nîmes (la « Rome française » !), le plus petit monument funéraire comportant parfois cette inscription.

Mais à travers la pensée hermétique du mage de Salon, n'était-ce pas plutôt une évidente allusion à la grande mère des dieux : Magna Mater Deorum, **D**...eorum — **M**...ater, celle qui ouvre les livres scellés (ésotériques) et qui ferme les livres ouverts (exotériques et de portée temporelle). N'est-ce point là la clef de voûte de l'édifice hermétique ! *Quand l'écriture D.M. trouvée*, devenant donc : *Quand le mystère cabbalistique de la déesse-mère : de la Nature, sera percé, les temps viendront où la lumière illuminera les les ténèbres et où les trésors de la terre se révèleront aux élus...*

Dans le mythe des « Vierges-mères » repose le grand Secret. Fulcanelli n'a-t-il pas écrit :

> ... *Le culte d'Isis, la Cérès égyptienne était fort mystérieux... Les Grecs, de même que les Egyptiens, gardaient un silence absolu sur les mystères du culte de Cérès, et les historiens ne nous ont rien appris qui pût satisfaire notre curiosité. La révélation aux profanes du secret de ces pratiques était punie de mort. On considérait même comme un crime de prêter l'oreille à la divulgation.* (54)

Quant aux motivations qui poussent à ce genre de recherches, ne deviennent-elles pas évidentes à travers de tels propos :

> *Quand il gratte, l'or apparaît. Avec une brique comme celle-là, sans faire de folie, Charlot doit pouvoir vivre convenablement au moins deux ans, et il y en a des kilomètres comme cela, autant dire des millénaires de vie de plaisir...* (55)

Que l'on juge du sérieux d'un tel « questeur » !

Nous avons décidé, après réflexion, de publier une lettre émanant du fameux marquis : Philippe de Cherizey, le grand ami de Pierre Plantard, qui nous était adressée et à laquelle, l'on s'en doutera, nous n'avons jamais répondu !... Assurément, M. de Cherizey devrait relire, avec grand profit, le merveilleux conte du *Serpent vert* de Goethe :

14/10/80
à Monsieur Yves Lierre

Cher Monsieur

Votre ouvrage "La Rennes Pé d'Oc" m'a ravi par ses aspects narcissiques. C'est bien moins un message qu'un chantier ; l'absence de références fait une part de son charme. Il me faut pourtant solliciter de votre part un supplément d'informations concernant une note en bas de page :
 "L'âne désigne allégoriquement de la même manière la prima materia des alchimistes. C'est l'âne Timon des Sals hermétistes"
Vous y revenez plus loin à propos de l'antimoine et d'Antoine l'Ermite, mais sans révéler de quel Timon vous faisiez allusion... Sauriez-vous être un peu plus précis ?
Croyez aux meilleurs sentiments de votre

Philippe de Cherisey

*Qu'y a-t-il de plus splendide que l'or ? demanda le roi.*
*La lumière, répondit le serpent.*

Le livre de M. Jean Robin (56) se présente, quant à lui, comme un véritable « exorcisme » dont il semble, par ailleurs, si friand ! Evidemment, quand on « dénonce dans le phénomène O.V.N.I., un caractère proprement antéchristique », tout est permis...

Nous en voulons pour preuve, l'interprétation du nombre *17* : pour soutenir sa thèse de l'envoûtement, M. Robin se cautionne habilement des propos de Raoul Auclair dans l'extrait suivant de son livre *la Fin des temps* (4) :

> *Les Anciens avaient une profonde horreur du nombre 17. Cette crainte /superstitieuse/ se prolonge aujourd'hui et perdure dans certains pays des rivages de la Méditerranée.*

Et ce, bien entendu, à cause du fait qu'en chiffres romains 17 s'écrit XVII or, en changeant les signes de place on obtient VIXI ce qui signifie en latin « j'ai vécu »...

Il est incontestablement dommage que M. Jean Robin n'ait pas retenu le contenu de la page 184 du même ouvrage, concernant la « clef numérale » régissant le système solaire : *On trouvera un nombre qui donne, en unité astronomique, avec une approximation remarquable, les distances mesurées. Or, il se trouve que le 17 est la valeur numérique de ce coefficient.*

Nous avions d'ailleurs souligné ce passage dans *la Rennes Pé d'Oc* !

Au risque de passer pour un « arpenteur de chemins creux » ou un enfonceur de portes ouvertes, ainsi qu'un « jargonaute impénitent en quête d'une Toison d'or qui se refuse obstinément » (58), j'affirme en toute sérénité, que la réalité relative à Rhedae défie toute imagination...

L'*Arcane 17* du Tarot : l'« Etoile », n'a d'ailleurs pas fini de nous étonner ! Mais revenons à la seizième lame du Tarot, notre « Tour » qui n'est autre que la « Maison-Dieu » : c'est à proprement parler le « Beth-El » auquel nous renvoie la sentence biblique du porche de l'église Sainte-Marie-Madeleine :

> *Terribilis est locus iste*
> *domus Dei est et porta coeli.*

C'est le fameux « songe de Jacob » (59) :

> *Jacob quitta Bersabée et partit pour Haran. Il arriva d'aventure en un certain lieu et il passa la nuit, car le soleil s'était couché. Il prit une des pierres du lieu, la nuit sous sa tête et dormit en ce lieu. Il eut un songe : voilà qu'une échelle était plantée en terre et que son sommet atteignait le ciel et des anges de Dieu y montaient et descendaient.*

Au réveil, Jacob s'écria (60) :

> *En vérité, Yahvé est en ce lieu et je ne le savais pas. Il eut peur et dit : /que ce lieu est redoutable ! Ce n'est rien de moins qu'une maison de Dieu et la porte du ciel !/ Levé de bon matin, il prit la pierre qui lui avait servi de chevet, il la dressa comme une stèle et répandit de l'huile sur son sommet. A ce lieu, il donna le nom de Béthel, mais auparavant la ville s'appelait Luz.*

Luz, la cité de lumière bleue nous entraîne dans les entrailles de la terre. René Guénon nous indique dans *le Roi du monde* (61) : *Près de Luz, il y a, dit-on, un amandier (appelé aussi luz en hébreu) à la base duquel est un creux par lequel on pénètre dans un souterrain ; et ce souterrain conduit à la ville elle-même, qui est entièrement cachée.*

*... Ce mot a ordinairement le sens d'/amande/... ou de noyau ; or le noyau est ce qu'il y a de plus intérieur et de plus caché, et il est entièrement fermé, d'où l'idée d'/inviolabilité/ (que l'on retrouve dans le nom de l'Agartha). /Souvenons-nous également du caractère d'inviolabilité attaché aux sépultures romaines dédiées aux « dieux-mânes » : D. M./* (note de l'auteur).

René Guénon ajoute dans une note en bas de page :
*C'est pourquoi l'amandier a été pris comme symbole de la Vierge.*

Anne-Catherine Emmerick, dans ses visions mystiques, évoque l'épisode du songe de Jacob :

> *Lorsque Jacob s'éveilla au matin, je le vis édifier une petite assise de pierres disposées en cercle, sur lesquelles il plaça un rocher plat et, par-dessus, la pierre qui lui avait servi de chevet. Il alluma un feu et offrit un sacrifice, il versa également quelque chose dans le feu, sur la pierre.* (62)
> *Sans doute s'agit-il de l'huile sainte dont il oignit la pierre sacrée.*

Ce « bétyle », véritable omphalos comparable à la pierre vomie par Saturne-Cronos, à Delphes, est à rapprocher de « Beth-El » (Beth Elohim). Il est en tout semblable au centre du « Drunemeton » où se réunissait le « Neimheid » évoqué par l'abbé Boudet, le « lieu consacré central » : le « medio nemeton » au centre des quatre directions et représentant la cinquième qui est verticale : la dimension spirituelle...

Les bétyles sont, en réalité, des pierres sacrées dressées, dans la tradition celtique et comme le souligne fort justement Jacques d'Arès (63), le rite d'érection du tumulus de Jacob ne figure dans aucun autre document hébreu, ce rite est rigoureusement d'origine celtique, voire même préceltique, tradition de source antérieure au judaïsme.

La légende ou l'histoire ont voulu que le bétyle fût enchâssé dans le soubassement du trône sur lesquels furent couronnés les rois d'Angleterre !

Mais si Jacob s'illustra par son divin songe (64), retenons également qu'il eut à lutter contre l'Ange (Gen. 32 /25-33/) envoyé par Dieu. De par cette victoire, il prit le nom d'Israël. Une merveilleuse représentation de cette scène figure dans l'église Saint-Sulpice à Paris, face à la toile du maître, Delacroix : *Héliodore chassé du temple*...

Et la boucle se referme alors sur la région sacrée : véritable « cromlech » au sens ésotérique du terme.

Les trésors du lieu sont nombreux : les métaux précieux y abondent mais aussi la pierre du soleil : l'ambre (65) avec ses célèbres gisements de Rennes-les-Bains, l'ambre que les Estyens (66) appelaient « gless », vocable à rapprocher de « gliz » qui, en breton armoricain, signifie « rosée »...

La légende de la « pierre du soleil » mérite bien que l'on s'y arrête ici : le palais du soleil était un lieu merveilleux où tout étincelait. Rares étaient les mortels qui avaient pu s'approcher de cet endroit divin. Pourtant, un jour, un jeune homme, fils d'Hélios, le conducteur du char du Soeil, mais mortel par sa mère, réussit à s'en approcher malgré la lumière aveuglante qui s'en dégageait. Hélios l'aperçut et lui demanda quelle raison l'avait poussé à venir jusque-là. Le jeune homme qui s'appelait Phaëton répondit qu'il était venu pour avoir la confirmation qu'Hélios était bien son père. Ce dernier lui répondit que c'était bien la vérité et, pour lui en donner la preuve, lui demanda de formuler un vœu : « Quel qu'il soit, j'en jure par le Styx, le fleuve du serment, je te l'accorderai. » Le jeune homme répondit aussitôt que la seule chose qu'il souhaitait au monde était de prendre la place de son père même pour un seul jour et de conduire son char. Effrayé à la pensée des dangers qu'encourait son fils, Hélios chercha à le faire renoncer. « Si tu cherches la preuve que tu es bien mon fils, mes craintes pour toi prouvent à suffisance que je suis ton père. » Mais rien ne put convaincre Phaëton et le conducteur divin dut céder à ses exigences. A l'aurore, Phaëton monta sur le char resplendissant tiré par quatre blancs coursiers. Les chevaux s'élancèrent dans une course vertigineuse à travers les airs. Mais les forces du jeune homme n'étaient pas suffisantes pour retenir l'attelage. Le char quitta sa route dans une course folle, s'éleva au plus haut du ciel, puis plongea vers la terre qu'il embrasa. Les forêts brûlèrent, le sol se crevassa, les rivières se tarirent. La Terre ne put en supporter davantage et poussa un grand cri qui parvint aux oreilles de Zeus. Dans une colère épouvantable, le dieu de l'Olympe vit qu'il fallait agir rapidement et lança sa foudre contre le jeune homme qui tomba dans le fleuve Eridan. Les sœurs de Phaëton, les Héliades, filles d'Hélios, plongées dans le désespoir par la mort de leur frère bien-aimé, vinrent pleurer sur sa tombe ; leur chagrin était tel que les dieux pleins de pitié les changèrent en peupliers sur les berges de l'Eridan. Elles ne cessèrent de verser des larmes qui, en coulant dans les eaux du fleuve, se transformèrent par la volonté d'Hélios en autant de « perles d'ambre »...

En guise de conclusion puisqu'il faut bien conclure, en ce domaine où origine et finalité se confondent à travers l'infinie réalité, évoquons une dernière fois celle qui, paradoxalement, porte le nom de

*Mère de Dieu*

*Tour de David,*
*Tour d'ivoire,*
*Maison d'or,*
*Arche de la nouvelle Alliance,*
*Porte du ciel...* (Litanies de la Sainte Vierge.)

*Reine du Ciel – que tu sois Cérès, la féconde, mère et créatrice des moissons, qui, joyeuse d'avoir retrouvé ta fille, après avoir banni l'antique et bestiale provende du gland et révélé une nourriture plus douce, hantes maintenant les sillons d'Eleusis – que tu sois Vénus du Ciel qui, au commencement des temps, as uni les sexes opposés en engendrant l'amour et, une fois assurée au genre humain la perpétuité de sa race, es maintenant adorée dans ton sanctuaire de Paphos qu'entourent les flots – que tu sois la sœur de Phébus qui, en soulageant de tes remèdes apaisants les douleurs des femmes en travail, as fait naître à la lumière tant et tant de peuples et que l'on vénère maintenant dans le temple illustre d'Ephèse – que tu sois Proserpine, l'effrayante, qui hurles la nuit, Proserpine aux trois visages qui contiens le violences des spectres et tiens fermées les barrières dont est close la terre et qui, de bois sacré en bois sacré, errante, te laisses fléchir par des rites divers, toi dont la lumière féminine baigne tous les remparts, qui, de ton éclat mouillé, nourris les semences fécondes et, dans tes errances solitaires, verses une clarté incertaine sous quelque nom, par quelque rite, sous quelque forme qu'il soit permis de t'invoquer, toi, endigue le flot de mes maux aujourd'hui à leur comble, toi, viens étayer la ruine de mon sort, toi, fais que, mes terribles infortunes bues jusqu'à la lie, je te doive et le repos et la paix.* (Apulée livre XI.)

*Aucun homme ne peut rien vous révéler sinon ce qui repose déjà à demi endormi dans l'aube de votre connaissance.*
*Le maître qui marche à l'ombre du temple, parmi ses disciples, ne donne pas de sa sagesse mais plutôt de sa foi et de son amour.*
*S'il est vraiment sage, il ne vous invite pas à entrer dans la maison de sa sagesse, mais vous conduit plutôt au seuil de votre propre esprit.* (Khalil Gibran, *le Prophète.*)

Mais ô combien, hélas, d'orgies sanglantes, voire même de sacrifices humains, ont été accomplis au nom de la « déesse-mère » (surnommée parfois à raison « la Scorpionne »), même au sein du druidisme, les schismes ayant été particulièrement nombreux (67)...

Méfions-nous de l'emprise de la Matière (materia... Mater !), de la Nature et de ses pièges, incarnée par l'ensorceleuse Viviane dans les romans de la Table Ronde !

Et, s'il est effectivement « paradoxal » de parler de « mère » de Dieu, mettons-nous en quête du père et suivons pas à pas les traces du fils spirituel dont les paroles demeurent à jamais gravées :

*Je suis la voie, la vérité, la vie.* (Jean XIV, 6.)

N'oublions jamais que l'authentique « rose-croix » est celui qui a su O-S-E-R (R-O-S-E) passer par la « croix » pour conquérir la « rose »...

Et que l'histoire d'Héliodore nous serve d'exemple :

*Celui qui a sa demeure dans le ciel veille sur ce lieu et le protège ; ceux qui y viennent avec de mauvais desseins, il les frappe et les fait périr.*
(Histoire d'Héliodore, II$^e$ livre des Maccabées /III, 39/.)

# NOTES

(1) *Le Mystère gothique*, R. Laffont, p. 10.
(2) *Le Mystère des cathédrales* de Fulcanelli chez J.-J. Pauvert, p. 55.
(3) Selon les Hermétistes : « un labyrinthe populaire de l'Art sacré et un recueil des principaux hiéroglyphes du Grand Œuvre ».
(4) Abbé H. Boudet, *la Vraie Langue celtique et le cromlech de Rennes-les-Bains*.
(5) G. de Sède, *op. cité* et R. Boyer & E. Lot-Falk, *les Religions de l'Europe du Nord*.
(6) Le mot « druide » est à rapprocher du chêne « dru » et du sanglier « truth »...
(7) *Le Druidisme ou la lumière de l'Occident*, E. Coarer-Kalondan, E. P.
(8) *Les Celtes*, Jean Marlkale. Payot.
(9) Cf. Y. Lierre, *la Rennes Pé d'Oc & Et in Arcadia Ego*.
(10) *Le Trésor cathare*, G. de Sède éd. Julliard, p. 28.
(11) *La Race fabuleuse*, G. de Sède.
(12) *Géographie sacrée du monde grec*, Jean Richer.
(13) Si le catharisme est directement rattaché à la religion de Manès, il semble en être de même en ce qui concerne le culte de Mithra. En effet, près de la grotte de Lombrives, au cœur du pays cathare, Roland Ferrer a découvert une peinture représentant *un bonnet phyrigien rouge sur le devant de la table du dolmen de Peyregall*. Selon lui : *l'association de cette peinture avec le dolmen semble avoir une signification profonde* ! Jacques d'Arès souligne (revue *Atlantis* n° 286, p. 150) : *Rien n'exclut donc a priori l'idée que ce soient des Cathares qui aient peint ce bonnet d'initié sur ce dolmen*.
(14) *Les Religions étrusque et romaine*, A. Grenier, P.U.F.
(15) A. Grenier, P.U.F., *op. cité*.
(16) *Office de la Sainte Vierge*.
(17) Charles Picard, membre de l'Institut, écrivait dans *les Religions pré-helléniques*, P.U.F. : *L'Arcadie avait gardé à Phigalie, l'étrange représentation archaïsante d'une Déméter-Erinyes à tête de cheval, parèdre surnaturelle d'un Poséidon Hippios, dieu hippique connu à Onchestros en Béotie*.
(18) Petit-Radel, *les Monuments cyclopéens*.
(19) *Atlantis* n° 285.
(20) *Idem, la Double hache et le labarum*.

### INSERER DESSINS

(21) *Idem*.
(22) Cf. *la Rennes Pé d'Oc*.
(23) Cf. *la Rennes Pé d'Oc*.
(24) Bulletin de la Sté des professeurs d'histoire et de géographie de l'enseignement public (fév. 1972).
(25) Notons que d'après Strabon, les « corbeaux » étaient des baguettes recourbées, sortes de crosses chez les Grecs (les Vettons).
Remarquons également que la Sagese : « Pallas-Athena » ne posséda pas que la chouette comme emblème mais bien aussi... le Corbeau !
(26) « La Serpent », lieu-dit proche de Rennes-les-Bains, est une allusion directe à la fée Mélusine... D'ailleurs Rhedae, Aereda, n'évoque-t-il pas Aer-Red le serpent coureur de la Tradition !
(27) A. Lefèvre : *les Contes de Perrault*, pp. LVII-LVIII.
(28) P. Saintyves : *Revue d'ethnographie et des traditions populaires* n° 17, 1924.
(29) *Les Mystères de l'Ancienne Alliance*, A.C. Emmerick éd. Téqui.
(30) *Les Géants et le mystère des origines*, L. Charpentier, éd. R. Laffont.
(31) Cf. le passionnant roman de Paul Bouchet : *le Mystère de Perrière-les-Chênes*. N.B. : P. Bouchet était le disciple du druide Philéas Lebesgue...
(32) Dante, *la Divine Comédie* /Le Paradis, chant trente et uniéme/.
(33) Songeons au conte cathare du *Roi des corbeaux* (qui est en fait le roi des hommes !), chef-d'œuvre de l'Initiation mithriaque et gnostique, évoquant également le mythe du « roi déchu » (fait néant !). Faut-il y voir un pléonasme, « roi » et « corbeau » étant confondus ?

(34) Ou « Grand Chariot », VII$^e$ lame du Tarot ; le char d'Osiris, la providence. Songeons au Rune qui désigne le « chariot » (Raida... Rhedae).
(35) Cf. *les Symboles de la science sacrée*, René Guénon, éd. Gallimard.
(36) Cf. *la Rennes Pé d'Oc* & *Et in Arcadia Ego*.
(37) Matila C. Ghyka, *le Nombre d'or*, éd. Gallimard.
N.B. : une magnifique étoile dorée à cinq branches est représentée en grand format dans l'église Saint-Sulpice à Paris.
(38) I, 1 C 93.
(39) Lire le très intéressant article de Georges Mathis : « le Tribann ou les trois points celtiques », revue *Atlantis* n° 262.
(40) *Les Centuries*, quatrain 66 VIII$^e$ centurie.
(41) J.-Ch. de Fontbrune, *Nostradamus historien et prophète*, éd. du Rocher.
(42) Pierre Plantard, le prétendu descendant des Mérovingiens et grand maître de l'association : « Prieuré de Sion ».
(43) Elisabeth Bellecour, *Nostradamus trahi*, éd. R. Laffont.
(44) Vlaicu Ionescu, *le Message de Nostradamus sur l'ère prolétaire*.
(45) E. Bellecour, *Nostradamus trahi*.
(46) Paul Bjorndahl Veggerby, *Nostradamus et les ruines gallo-romaines à Martres-Tolosanes*, éd. Leisner, Copenhague.
(47) Un buste d'une très belle facture de l'empereur Trajan figure au musée de Saint-Raymond à Toulouse.
(48) Dans les *Centuries*, le mot « porphyre » figure trois fois et les mots « colonne de porphyre », deux fois, voir les quatrains I, 43 ; IX, 32 et X, 93.
(49) Ed. Julliard.
(50) Ed. Albin Michel.
(51) VI-66, IX-9, VIII-66, III-65, VI-66, IX-84, V-7, IX-32.
(52) *Histoire et légende du grand monarque*, E. Muraise.
(53) Attesté par la présence d'une stèle comportant l'inscription : *A Glan et aux déesses glaniques et à la Fortune du bon retour...* et par un pièce de monnaie en argent à l'effigie de Déméter, frappée au nom des glaniques et qui fut recueillie au XIX$^e$ siècle par le marquis de Lagoy.
(54) *Le Mystère des cathédrales*, Fulcanelli, p. 79.
(55) *Circuit*, Philippe de Cherizey.
(56) Jean Robin, *la Colline envoûtée*, éd. de la Maisnie.
(57) Ed. Fayard, p. 185.
(58) Selon l'expression de l'auteur.
(59) Genèse 28 /10 à 12/.
(60) Gen. 28 /16 à 19/.
(61) *Le Roi du monde*, éd. Gallimard /Luz ou le séjour d'immortalité/, étude réalisée d'après des renseignements tirés en partie de la Jewish Encyclopedia (VIII, 219).
(62) *Les Mystères de l'Ancienne Alliance*, éd. Téqui.
(63) J. d'Arès, *Encyclopédie de l'Esotérisme*, t. III, p. 187.
(64) Cf. la première planche du *Mutus Liber*, « la Bible » des Alchimistes, est la parfaite illustration de ce songe : *Mutus Libe r in quo tamen* ayant pour anagramme (inquo pris pour inquio) *Sum Betuli r inquo tamen* (je suis l'air du bétyle, je parle néanmoins). *Mutus Liber*, éd. J.-J. Pauvert, avec les précieux commentaires d'Eugène Canseliet.
(65) Notoirement connu pour ses propriétés électriques, voire magiques pour les Anciens.
(66) Cf. *les Celtes*, Jean Markale, p. 52.
\* La constellation de la « Grande Ourse » revêtait une importance considérable autrefois car, il y a cinq ou six mille ans av. J.-C., la « polaire » s'y trouvait... Le « cromlech » de Rennes-les-Bains prend alors une tout autre dimension, si l'on sait qu'il signifie à proprement parler : l'image de la voûte étoilée... (*lech* = pierre, litt. crom-lech [ la pierre de Crom /la courbe, la voûte céleste].
\*\* Théoriquement, le triple collier d'ambre était réservé au seul archidruide puis, les schismes exigeant comme à l'accoutumée, que le principe féminin l'emporte sur le masculin (la puissance illusoire de « Maya » !), le « Trigi-Samo » fut attribué à la déesse-mère, « Belenos » cédant le pas à « Belisama » !
(67) Lire à ce sujet, la vision « de l'autre côté du miroir » de la tradition celtique et de ses pérégrinations authentiques dans l'impressionnant ouvrage d'André Savoret : *Visage du druidisme*, éd. Dervy, dédié à Anianta...

## LETTRE OUVERTE A MESSIEURS :

*Pierre Plantard, Philippe de Cherizey, Louis Vazart, Michaël Baigent, Richard Leigh, Henry Lincoln et consorts*
à propos entre autres supercheries, de la race « frauduleuse »
des « néo-Mérovingistes »... en guise de conclusion...

Le procédé n'est pas neuf qui consiste à la « récupération » habile de certains événements historiques, religieux ou légendaires.
Ainsi en est-il du fameux (ou « fumeux » !) prieuré de Sion...
Certes, il y a bien une existence légale en tant qu'association régie par la législation en vigueur ; quant au reste, hélas ! il ne faut peut-être pas trop chercher !
Que Godefroy de Bouillon —héros de la première croisade —ait fondé ou non un certain prieuré à Sion, il n'en demeure pas moins vrai qu'il est — à tort ou à raison — traditionnellement placé à l'origine de toute la franc-maçonnerie, dont d'ailleurs une partie ne cesse de se réclamer. En voici pour preuve cet ancien texte du XVIII$^e$ siècle, traduit de l'anglais et extrait des *Plus secrets mystères des hauts grades de la maçonnerie ou le vrai Rose-Croix* (1) :

> */à Jérusalem, sur une haute montagne aux dépents de la loge de saint Jean/*
> *Cet ordre /la Maçonnerie/ fut institué par Godefroy de Bouillon, dans la Palestine, après la décadence des armées chrétiennes et n'a été communiqué aux Français maçons que du temps après et à un très petit nombre, en récompense des obligeants services qu'ils ont rendus à plusieurs de nos chevaliers anglais et écossais dont la vraie Maçonnerie est tirée.* /Introduction à *l'Histoire de l'origine de la Maçonnerie*

Au début du XVIII$^e$ siècle, un certain Michel Ramsay, venu d'Ecosse, entrait au service de Fénelon et allait devenir, lors de la réunion des Quatre Loges indépendantes d'Angleterre, en 1717 — date-clef de la franc-maçonnerie spéculative —le précepteur du descendant de Godefroy de Bouillon : le duc de Bouillon qui demeurait en Lorraine. Se rattachant autant aux « Stuart » d'Ecosse qu'aux « Bouillon » de Lorraine, il ne faisait que confirmer les relations existant entre les deux familles spirituelles qui se réclamaient de l'« Ordre de Saint-André-du-Chardon », fondé par le roi Robert Bruce en commémoration de la victoire apportée par les chevaliers du Temple à la bataille de Bannockburn.

Ainsi, le « chevalier Ramsay » s'avéra être en quelque sorte l'annonciateur du rite maçonnique écossais.

Puis, vers 1743 apparaissait le « régime de la stricte observance » dont l'historique allait être consigné dans les rapports du chapitre de Clermont (1754) et des chevaliers d'Orient (1756). Le baron de Hund avait concentré tous ses efforts sur cette forme « templière » de maçonnerie qui comptait parmi ses adeptes, le duc Ferdinand de Brunswick et Joseph de Maistre. Jean-Baptiste Willermoz en fut d'ailleurs le plus grand réformateur.

En effet, après le décès du baron de Hund (en 1776), la thèse des origines templières allait être examinée au « Convent des Gaules » à Lyon en 1778, puis remise en question par le « Convent de Wilhelmsbad » en 1782 où aucune preuve certaine ne put être avancée par les tenants de la « Stricte Observance templière ». Le « Rite écossais ancien et accepté » céda alors la place au « Rite écossais rectifié » ; le grade de « chevalier du Temple » ou « Kadosh » devenant celui de « chevalier bienfaisant de la Cité sainte ».

Voici résumée en bien peu de mots la trame symbolique de l'« affaire », car, au demeurant, toute la décoration de l'église de Rennes-le-Château est d'inspiration purement maçonnique, comme l'ont fort justement fait remarquer Gérard de Sède (2) et Jean-Luc Chaumeil (3).

A la huitième station du chemin de croix sénestrogyre —à l'inverse du sens habituel, à l'exception également de celui de Saint-Sulpice — une « veuve » tient par la main un « enfant » vêtu d'un tissu écossais de couleur « bleue ». Ne peut-on y deviner de manière évidente, les maçons « Enfants de la veuve » adeptes des « grades bleus » du « Rite écossais rectifié » ! D'ailleurs, le chevalier romain que l'on peut voir sur la neuvième station ne symbolise-t-il pas le « chevalier bienfaisant de la Cité sainte », grade « bleu » du même rite (R.E.R.) dit « de Saint-Jean » ?

N'oublions pas également que ce grade fut créé au « Convent des Gaules », en 1778, présidé par J.-B. Willermoz, sous l'égide d'Alexandre Lenoir apparenté à la famille Hautpoul de Rennes. Paul-Urbain de Fleury qui « est passé en faisant le bien » selon l'épitaphe ornant sa tombe était selon toute vraisemblance, un « chevalier bienfaisant », vénérable de loge, donc « passé maître ».

Sur un plan plus général, ce chemin de croix « revu et corrigé », suggère de par le symbolisme maçonnique qui s'y attache, le grade de « prince de Merci » ou d'« Ecossais trinitaire » (vingt-sixième grade du Rite ancien et accepté). Selon Paul Naudon /*le Rite écossais ancien accepté*/ :

> *Le grade d'Ecossais trinitaire est exactement l'image de la Passion de Jésus-Christ ; on fait subir figurativement au récipiendaire les mêmes traitements que subit le Sauveur du monde.*

Le treizième degré, celui de « Royal Arche » ne s'applique-t-il pas à « Arques » et au « Réalsès », ou plus généralement à l'Arcadie royale ?

Le quatorzième degré comporte quant à lui, la reproduction de la Cène puisqu'on y rompt le pain et on y boit le vin à la même coupe.

Le dix-huitième degré est celui de « chevalier Rose-Croix » comme ne cessent de le suggérer les motifs ornementaux surmontant les stations du chemin de croix.

Dans les années 1930, dix-sept maçons du Grand Orient armés « chevaliers bienfaisants de la Cité sainte » à Genève, soutinrent activement le D$^r$ Camille Savoir (Grand Commandeur du Gd collège des rites du G.O. de France) dans sa tentative de « réveiller » le Rite écossais rectifié et de le restaurer au Grand Orient. Une scission eut lieu en 1935 et impliqua ainsi la fondation d'un grand prieuré distinct du Grand Orient. En 1938, le Grand Prieuré d'Helvétie déclara officiellement que seuls les pouvoirs qu'il avait délégués à Camille Savoir étaient valables. Puis, la guerre arrivant, avec les nombreuses poursuites engagées contre la franc-maçonnerie, la querelle d'investitures prit fin dans l'oubli général.

Le prieuré de Sion de Pierre Plantard (association de 1956) n'est peut-être pas étranger à cet état de fait, car n'oublions pas en effet la fréquente mise en cause de la loge suisse « Alpina », bien que celle-ci réfute apparemment la paternité de certains documents qui lui ont été attribués. Parmi ceux-ci, on compte : *les Descendants mérovingiens et l'énigme du Razès wisigoth* de Madeleine Blancassal (« Madeleine », « Blanque » et « Sals » !...) publié en allemand, puis traduit en français par un certain Walter Celse-Nazaire (« saint Celse » et « saint Nazaire », patrons de l'église de Rennes-les-Bains !) ainsi que l'ouvrage intitulé : *Un trésor mérovingien à Rennes-le-Château*, d'un certain « Antoine l'Hermite », comme par hasard...

Dans le même ordre d'idées, le comte de Lénoncourt, alias Henri Lobineau n'avait pas hésité à écrire, en sa fameuse *Généalogie des rois mérovingien...* (Genève, 1956) :

### L'énigme de Rhedea

> *Un jour de février 1892, le jeune abbé Hoffet recevait un visiteur étranger, l'abbé Saunière, curé de Rennes-le-Château depuis 1885, qui venait près de lui, afin de demander à ce jeune savant linguiste, la traduction de parchemins mystérieux qui se trouvaient dans des piliers du*

*maître-autel wisigothique de son église. Ces documents portaient le sceau royal de Blanche de Castille, révélaient le secret de Rhedea avec la ligne de Dagobert II, comme l'abbé Pichon entre 1805 et 1814 était parvenu à l'établir d'après des documents retrouvés lors de la Révolution. L'abbé Hoffet, conscient de l'importance des actes, garda une copie, mais ne donna pas à l'abbé Saunière l'exacte vérité, ce dernier rendu prudent consulta d'autres linguistes auxquels il ne donna que des fragments des documents. Pendant ce temps, l'abbé Hoffet rétablissait grâce aux précieux renseignements, une généalogie très complète des descendants de Dagobert II « le saint » assassiné par Pépin le Gros ; Dagobert II, le roi « ursus » dont les ancêtres étaient les rois de l'Arcadie, or les rois d'Arcadie venaient de Béthanie, près du mont des Oliviers, de la tribu de Benjamin ; voici donc le motif pour lequel l'on nia l'existence de Dagobert II ? Non, pas complètement, car lors de son assassinat par la famill des Pépin qui convoitait le royaume depuis plusieurs générations, Dagobert II avait fait cacher un trésor important à Rhedea, pays de sa deuxième femme, mère de son fils Sigebert IV, le futur comte de Razès, et l'existence de ce trésor fut un motif plus important de cette négation, toutefois, ni la reine Blanche de Castille, ni Louis IX « le saint », même en l'an 1251, n'osèrent toucher ce dépôt sacré où la légende menaçait celui qui prendrait de cette réserve, sans en avoir le droit, fut-il pape ou roi. « Au Grand Siècle – disait l'un des parchemins – le rejeton reviendra reprendre l'héritage du grand Ursus. »*

*Ceci est la légende où l'évangile se retrouve pour maudire dans les parchemins, le mécréant qui oserait dérober une parcelle de ce trésor, mais un parchemin retrace aussi l'histoire d'une époque dont nous ne savions presque rien. L'abbé Béranger Saunière fut convoqué en cour de Rome et refusa de s'expliquer, il fut interdit, il est décédé mystérieusement le 22 janvier 1917, sa servante et son héritière Marie Denardaud morte en janvier 1953, finit sa vie cloîtrée. Sans l'abbé Hoffet, nul n'aurait su l'étrange histoire d'une famille dont l'origine se perd dans la nuit des temps.*

Planche n° 2 – de 1500 à 1650 – S°. D, exemplaire Bibliothèque nationale.

Henri Lobineau, généalogiste, mars 1954.

Mais quittons ces documents « préfabriqués » et cette généalogie fantaisiste, pour revenir à la maçonnerie « templio-rosicrucienne » qui était au demeurant considérée d'essence purement chrétienne (4), tant dans ses origines corporatives médiévales que dans ses adaptations spéculatives ultérieures. Selon Paul Naudon (5) : *La franc-maçonnerie traditionnelle, celle du métier de la construction, était d'essence profondément chrétienne, voire catholique, d'un catholicisme ouvert, évangélique au plein sens du mot, imprégné de cet esprit si large, qui durant tout le Moyen Age, jusqu'à la Réforme et au concile de Trente, lui avait permis, par la pureté de la foi, et dans l'amour du Christ, d'être accueillant aux formes les plus anciennes et les plus diverses de la tradition.*

Et Jean Tourniac affirme quant à lui, avec raison : *Nul doute par conséquent : la confrérie des anciens maçons est chrétienne et même catholique et le demeurera longtemps encore après Anderson. /Principes et problèmes spirituels du Rite écossais rectifié et de sa chevalerie templière/.*

Avant de tourner cette page, il conviendrait encore de signaler que contrairement aux apparences et selon certains avis autorisés, l'« écossisme » n'a somme toute pas grand-chose à voir avec l'Ecosse. D'après le P$^r$ Bernard Guillemain : *... L'écossisme n'a rien à voir, cela a été démontré, avec l'Ecosse. Il paraît bien plutôt originaire des régions de l'est de la France et de l'Allemagne. On a proposé des quantités d'explications à cette appellation ; selon nous, « Ecossais » ne saurait être que la déformation (encore très raisonnable) de « E. Castello », c'est-à-dire de Kassel. Rite écossais signifierait donc : rite originaire de Kassel, autrement dit Rite rosicrucien.* (6)

Et c'est dans ce contexte symbolique à résonance maçonnique auquel était rompu l'abbé Hoffet (7), que Béranger Saunière eut la charge de puiser l'inspiration pour la restauration —bien peu canonique, avouons-le — de sa petite église de Rennes-le-Château. Il faut bien reconnaître qu'avec son dallage noir et blanc et son étrange ornementation, l'édifice tient autant d'une loge maçonnique, que d'une chapelle chrétienne !

Ainsi, la signature souventefois rencontrée, revêt réellement tout son sens :

P. S.
(« Per Salomonem », *Par Salomon*, fils de David, participant à l'« Arbre de Jessé » ou Généalogie de Marie)

Toute la franc-maçonnerie se réclamant du roi Salomon, l'on comprend aussi un peu mieux ce que représente dans l'église, Asmodée : le gardien de ses trésors... Les initiales P.S. ainsi qu'on peut s'en rendre compte, ne signifient pas forcément... prieuré de Sion !

La légende nous indique que l'architecte Hiram fut envoyé par le roi de Tyr, au roi Salomon (8), pour ériger le fameux « Temple » et dans « la Nouvelle Atlantide » (1624), Francis Bacon ne manqua pas d'y faire allusion à propos de l'île inconnue de Bensalem et de ses institutions :

> *La plus remarquable de ces institutions est une société secrète qu'on appelle le Temple de Salomon. La société se propose de faire le bonheur des hommes en leur révélant les secrets de la nature. Aussi les affiliés, qui se dénomment « frères », se livrent-ils à l'étude des sciences, mais en secret. Ils sont divisés en un certain nombre de « classes » dont chacune a ses travaux déterminés. Tout cela fait ensuite l'objet de réunions (conventus), où les frères discutent ensemble ces premiers travaux ; puis, trois frères, que l'on nomme les « trois lumières », se livrent à des expériences d'une « lumière plus sublime » ;*

*d'autres enfin sont chargés de faire passer dans la pratique les résultats ainsi obtenus.*

*Dans ces réunions, on décide des connaissances qu'il convient de répandre dans le public et de celles qu'il lui faut cacher. Les frères se sont engagés par serment à ne rien révéler de ce qu'on a décidé de garder secret.*

*... Le Temple de Salomon envoie à l'étranger des frères chargés de rapporter des renseignements sur les affaires des autres peuples.* /Nova Atlantis (1624).

Il faut bien reconnaître que l'abbé Saunière était un curé hors pair !

Son procès pour Simonie (du 5.12.1911) nous le démontrerait aisément, s'il en était besoin : trafic de messes grâce à l'envoi de cartes postales de la « nouvelle Béthanie », exploitation bon marché d'une main-d'œuvre espagnole pour les importants travaux entrepris...

Les pièces du dossier Saunière retenues longtemps à Carcassonne et désormais rendues publiques, ne laissent planer aucun doute quant à la provenance des fonds utilisés.

Bérenger Saunière et son frère Alfred, prédicateur sans chaire, s'identifièrent rapidement aux frères Baillard, prêtres de la colline lorraine de Sion-Vaudrémont et « héros » bien malgré eux, de *la Colline inspirée* de Maurice Barrès qui fut, ne l'oublions pas, l'ami de Stanislas de Guaita, fondateur en 1888 de l'« Ordre kabbalistique de la Rose-Croix ».

Alfred exerçait alors les fonctions de précepteur de la famille des Chefdebien de Zagarriga, de Narbonne et leurs archives ne manquaient certes pas d'intérêt pour les deux ecclésiastiques, en quête de mystique maçonnique chrétienne.

On sait qu'au XVIII<sup>e</sup> siècle, le marquis de Chefdebien était conseiller d'honneur du directoire écossais (9) de Septimanie et l'auteur d'une *Histoire de la maçonnerie* (1779). L'année suivante, il fondait conjointement avec son père, le vicomte de Chefdebien d'Aigrefeuille, le Rite ancien primitif de France qui avait son siège dans la loge des Philadelphes de Narbonne.

Ardent défenseur de la « stricte observance templière », le marquis de Chefdebien avait évoqué au Convent de Wilhelmsbad, l'existence des « supérieurs inconnus », « templiers » de surcroît, chargés de présider à la destinée de la maçonnerie. De plus, il convient encore d'ajouter qu'il était le seigneur des terres sur lesquelles s'était installée une secte d'inspiration cathare : « les Multipliants » ou « Enfants de Sion » !...

En 1723, on lui reprochera principalement le rituel de « la Cène » qui joue un rôle primordial dans le rosicrucianisme maçonnique, comme nous l'avons vu précédemment.

Comment oublier également le formalisme « cathare » dans certains hauts grades de l'« écossisme » ! Il existe en effet une analogie entre les sept sphères planétaires et ces sept arts libéraux figurant sur les sept échelons de gauche de l'échelle des Kadosh (trentième degré du Rite écossais ancien et accepté) et suivant que l'indique pertinemment Aroux :

> *Les Cathares avaient, dès le XIIe siècle, des signes de reconnaissance, des mots de passe, une doctrine astrologique : ils faisaient leurs initiations à l'équinoxe de printemps ; leur système scientifique était fondé sur la doctrine des correspondances : à la Lune correspondait la grammaire, à Mercure la dialectique, à Vénus la rhétorique, à Mars la musique, à Jupiter la géométrie, à Saturne l'astronomie, au Soleil l'arithmétique ou la raison illuminée.*

D'ailleurs, ne pourrions-nous pas établir une relation évidente avec l'échelle du songe de Jacob : *Jacob partit de Bersabée et s'en alla à Haran. Il arriva dans un lieu ; et il y passa la nuit (...) et il se coucha dans ce lieu. Il eut un songe : et voici, une échelle était posée sur la terre et son sommet touchait au ciel ; et voici, sur elle des anges de Dieu montaient et descendaient, et au haut se tenait Iaveh. /Gen. XXVIII, 11-13/.*

Ce qui d'ailleurs, a pour effet immédiat de nous renvoyer au tympan de l'église de Rennes-le-Château, sur lequel on peut lire (10) :

> *Terribilis est locus iste. /Que ce lieu est redoutable/ Gen. XXVIII, 17/*

En effet, le songe symbolique de Jacob ne se termine-t-il pas par ces paroles lourdes de sens :

> *Ce n'est rien de moins qu'une maison de Dieu et la porte du Ciel ! Levé de bon matin, il prit la pierre qui lui avait servi de chevet, il la dressa comme une stèle et répandit de l'huile sur son sommet. A ce lieu, il donna le nom de Béthel, mais auparavant la ville s'appelait Luz. /Gen. XXVIII, 18-19/.*

Sur la gauche, devant l'entrée de la mystérieuse église, on peut admirer le fameux pilier wisigothique (ou plutôt carolingien !) sur lequel sont inscrits ces mots : *Pénitence, pénitence*, et qui sert de support à une statue de la Vierge Marie.

Bien qu'il s'agisse d'une représentation classique des apparitions mariales de Lourdes (1858), le message attribué à la Vierge, évoquant la pénitence semble plutôt être celui de La Salette (apparitions de 1846), révélé à deux enfants : Maximin Giraud et Mélanie Calvet, et à portée très « apocalyptique » ! Tandis que la « Vierge de Lourdes » est qualifiée par Huysmans de « Vierge pour tout le monde, Vierge d'autel de village », celle de La Salette porte les qualités élogieuses de « Vierge pour quelques-uns, pour les mystiques et les artistes ». Voici quelques extraits de ce « transcendant message » et du « secret » qui y est adjoint :

*Je vous ai donné six jours pour travailler, je me suis réservé le septième, et on ne veut pas me l'accorder. C'est ce qui appesantit tant le bras de mon Fils.*

*... Si la récolte se gâte, ce n'est qu'à cause de vous autres.*

*... Malheur aux prêtres et aux personnes consacrées à Dieu, lesquelles, par leurs infidélités er leur mauvaise vie, crucifient de nouveau mon Fils ! Les péchés des personnes consacrées à Dieu crient vers le Ciel et appellent la vengeance, voilà que la vengeance est à leurs portes, car il ne se trouve plus personne pour implorer miséricorde et pardon pour le peuple ; il n'y a plus d'âmes généreuses, il n'y a plus personne digne d'offrir la Victime sans tache à l'Eternel en faveur du monde.*

*Dieu va frapper d'une manière sans exemple.*

*... Au premier coup de son épée foudroyante, les montagnes et la nature entière trembleront d'épouvante, parce que les désordres et les crimes des hommes percent la voûte des cieux. Paris sera brûlé et Marseille englouti ; plusieurs grandes villes seront ébranlées et englouties par des tremblements de terre ; on croira que tout est perdu...*

Il est pour le moins surprenant de noter au passage que l'auteur des *Derniers Avis prophétiques* qui publia en 1872, le *Secret de Mélanie* n'était autre que... Victor de **Stenay** !

A toutes fins utiles, il n'est pas superflu de savoir que Maximin, le petit vacher de l'apparition, après s'être enfui de la maison des sœurs de la Providence de Corps, pour se réfugier chez un frère mariste illuminé, eut pour protecteur un certain M. Houzelot, marchand d'orfèvrerie, et par ailleurs entièrement dévoué à la cause de l'un des célèbres « Louis XVII » de l'époque : le baron de Richemont, alias Claude Perrin, fils de boucher...

Et bien évidemment, ses partisans étaient persuadés que le « message de La Salette » concernait leur « grand monarque » et ils se servirent habilement de la naïveté de Maximin Giraud qui fut présenté au baron de Richemont lui-même.

Quinze ans plus tard d'ailleurs, il ira à Froshdorf où, présenté par la marquise de Pigneroles, il sera alors reçu par le comte de Chambord (11) qui croyait à la survivance du Dauphin emprisonné au Temple, à Paris.

On sait que plus tard, Maximin rencontrera également le saint curé d'Ars : Jean-Marie Vianney, auquel il avouera tout de bon n'avoir rien vu qu'« une belle dame » à La Salette et le saint homme demeurera longtemps très ébranlé par cette affirmation. Il en informera sur-le-champ l'évêque de Grenoble, Mgr Bruillard qui, paradoxalement, proclamera officiellement le 19 septembre 1851, que « l'apparition est inexplicable sans l'intervention divine »...

L'archevêque de Lyon, le cardinal de Bonald, primat des Gaules, demeurera quant à lui, un farouche opposant à la thèse des apparitions.

Et là encore, *la Colline inspirée* de Maurice Barrès nous éclaire par analogie, sur les agissements de nos deux ecclésiastiques de l'Aude ; les frères Saunière.

En effet, la colline de Sion-Vaudémont n'exploite-t-elle pas, par l'entremise des frères Baillard, les élucubrations du « prophète » Vintras, de Tilly-sur-Seulles (12), ardent partisan d'un autre « Louis XVII » probable : Naundorff (horloger à Spandau) qui, selon ses Mémoires, prétendait être sorti du Temple, le 10 juin 1795 à l'occasion de l'enterrement prévu d'un enfant substitué.

Autre similitude : Béranger Saunière n'avait-il pas reçu aussi du comte de Chambord, la somme généreuse de 500 000 F (13) pour soutenir « son action » qui, il faut bien l'avouer, ne devait pas être sans relation avec certaines prétentions royalistes influentes ?

L'image du Sacré-Cœur de Jésus est de plus particulièrement présente dans la petite église de l'Aude et chacun sait qu'Il est le symbole de la sauvegarde de la France. Songeons au Hiéron de Paray-le-Monial et aux activités du Val d'Or, en liaison avec les apparitions du Sacré-Cœur de Jésus, à la jeune visitandine Marguerite-Marie Alacoque (14).

A Paris d'ailleurs, n'édifie-t-on pas la basilique du Sacré-Cœur à Montmartre !

Ainsi, dans l'esprit de Béranger Saunière, la colline isolée de Rennes s'identifiait-elle tout à la fois, à la riche Béthanie abritant Marie de Magdala (selon la « Légende dorée ») ainsi qu'à la colline de Sion et décida-t-il d'envoyer à travers l'Europe des cartes postales représentant le « lieu saint » de France, que la Tradition avait secrètement élu !... Quant au mystérieux secret qu'il révéla en confession, au curé d'Esperaza : l'abbé Rivière et qui l'ébranla si fortement jusqu'à sa mort ; notre ami Patrick Rivière aurait aussi à son propos, beaucoup à dire... et pour cause !

Et c'est à Saint-Sulpice : « église, temple (de Salomon !) et musée » que notre abbé puisera toute son inspiration pour la décoration de sa chapelle ; en ce lieu même, où deux siècles et demi auparavant, le Père Jean-Jacques Olier (1608-1657), sur les conseils de l'abbé de Condren et de saint Vincent de Paul, entreprendra la rénovation du sanctuaire.

Autour de lui graviteront ses directeurs de conscience et amis : François de Sales, M. Vincent ainsi que l'« aigle de Meaux » : J.-B. Bossuet ; celui-là même qui prêchera au monastère de Saint-Lazare et participera aux « conférences des mardis » de Saint-Lazare sous les auspices de saint Vincent de Paul qui s'exprimait à en croire certains, tel un « oracle de Dieu » (15). En 1658 d'ailleurs, ils organisèrent ensemble la « mission de Metz » avec certains membres de la « conférence des mardis » qui regroupait l'élite du clergé parisien, pour « prier, travailler, réfléchir, édifier... ».

Parmi les vingt-deux (des deux cent cinquante au total) qui seront appelés à l'épiscopat, on compte le grand ami de M. Vincent : Nicolas Pavillon (16), l'évêque d'Alet, dans l'Aude. /*Aletheia* en grec : la vérité ; mais aussi *Electus*, en latin : lieu choisi, endroit privilégié/. Les armoiries d'Alet sont d'ailleurs fort éloquentes /Alet : aile !/ :

> *Armes d'azur, à une croix pattée, accôtée de deux étoiles et posée sur une vergette, le tout d'or : la vergette brochante sur un vol abaissé d'argent et soutenu d'une foi de même. Deux palmes de sinople liées d'azur, servent d'ornement à l'écu.* (Armorial des Etats du Languedoc, Paris, 1777.)

Les Romains avaient surnommé ce lieu : bourg choisi *pagus electeusis*, endroit de prédilection. Déjà à cette époque, les eaux alimentaient des thermes et un temple fut élevé en l'honneur de Rhéa. La tradition du « Fanum de Diane » s'est longtemps perpétuée et l'abbé Lasserre prétendait qu'une « Vierge miraculeuse » (du XIIe, XIIIe siècle) y résidait, accentuant par sa présence les **vertus curatives** de ce lieu ô combien privilégié.

Mais revenons aux préoccupations **communes** animant J.-J. Olier, Nicolas Pavillon et saint Vincent de Paul.

Devant l'amoralité grandissante, l'injustice des prélats et la religion se dégradant sans cesse, ils décidèrent, en 1627, de fonder la « Compagnie du Saint Sacrement » dont les statuts découverts plus tard, suggéraient une intention apparemment bien sibylline : *La première voie qui forme l'esprit de la Compagnie et qui lui est essentielle est le secret. ... Le secret étant l'âme de la Compagnie sera inviolablement gardé...*

Et c'est la Compagnie qui entreprendra la visite des prisonniers, veillera à l'hébergement des prêtres vagabonds, s'opposera aux « illuminés », fera surveiller l'impression des livres en mettant fin aux comédies licencieuses et aux processions jugées scandaleuses s'appliquant en deux mots : à l'assistance des plus défavorisés et à l'assainissement des mœurs de l'époque.

La Compagnie s'intéressera bien évidemment de très près à la politique. Elle se tiendra dans l'entourage du roi Louis XIII et de la reine Anne d'Autriche. Le marquis d'Argenson qui en était membre, écrira ces lignes : *Cette pieuse princesse (Anne d'Autriche) se recommandait souvent aux prières des gens de bien qui composaient la Compagnie et qu'elle honorait du titre de ses amis.* (Annales de la Compagnie du Saint Sacrement.)

Mais elle n'agit jamais directement. Son action se déroule en sous-main. Elle est en quelque sorte devenue la « commission de censure » d'un « Etat » dans l'Etat !

Le frère du roi : Gaston d'Orléans, qui avait épousé la sœur du duc de Lorraine, remontant ainsi jusqu'à Godefroy de Bouillon, convoitait ardemment le trône de France.

En 1638, la reine d'Autriche, après plus de vingt années de stérilité, mettait au monde le futur Louis XIV ; mais la paternité en incombait-elle au roi Louis XIII, à Richelieu, ou plus vraisemblablement encore, à Mazarin ?

Et si après la mort du cardinal de Richelieu, en 1642, Gaston d'Orléans allait organiser la Fronde pour débarrasser la France de Mazarin, c'est précisément dans l'entourage du frère du roi que devait se constituer quinze années auparavant la Compagnie du saint sacrement.

Saint Vincent de Paul lui-même qui était membre du Conseil de conscience, interviendra auprès d'Anne d'Autriche pour exiger le renvoi du « cardinal félon » !

En outre, un des rares éléments connus de cette « société secrète » — puisqu'il faut bien l'intituler ainsi — était justement Charles Fouquet : frère de Nicolas Fouquet, surintendant des Finances de Louis XIV, celui-là même que le roi jalousait si violemment et qui aurait fort bien pu être le véritable « Masque de Fer » !

Celui dont la devise, accompagnée d'un écureuil (la fouque), était : *Quo non ascendam /*« jusqu'où ne monterai-je pas ? »/ avait reçu de son autre frère l'abbé Louis Fouquet, ne l'oublions pas, une missive bien sibylline, en provenance de Rome, le 17 avril 1656 :

> *J'ai rendu à M. Poussin la lettre que vous luy faites l'honneur de lui escrire ; il en a témoigné toute la joie imaginable. Vous ne sauriez croire, monsieur, ni les peines qu'il prend pour vostre service, ni l'affection avec laquelle il les prend, ni le mérite et la probité qu'il apporte en toutes choses.*
> 
> *Luy et moi, nous avons projeté certaines choses dont je pourrai vous entretenir à fond dans peu, qui vous donneront par M. Poussin des*

*avantages que les roys auraient grand'peine à tirer de lui, et qu'après lui peut-être personne au monde ne recouvrera jamais dans les siècles advenir ; et, ce qui plus est, cela serait sans beaucoup de dépenses et pourrait même tourner à profit, et ce sont choses si fort à rechercher que quoi que ce soit sur la terre maintenant ne peut avoir une meilleure fortune ni peut être égale.*

Et quelle était l'essence de ce secret, sinon l'existence d'un site extraordinaire lié à l'Histoire secrète de la France ?

Et nous avons tout lieu de penser que la Compagnie du Saint Sacrement était en possession de ce secret. Mais de là à prétendre qu'il met seulement en cause la dynastie mérovingienne et corrobore les prétentions des soi-disant descendants, il existe un bien grand pas que nous ne franchirons pas...

Ce « secret » est inéluctablement lié aux mystères du Temple dont la Compagnie était dépositaire d'une partie, et non à un quelconque... Prieuré de Sion !

Elle s'était donnée pour mission de lutter « contre l'erreur spirituelle », tout comme la Chevalerie du Temple, tel que l'indiquait clairement saint Bernard de Clairvaux dans *De Laude Novae Militiae* : *Une nouvelle chevalerie est apparue sur la terre de l'incarnation (...). Et que nos chevaliers résistent par la force à ces ennemis corporels, je ne juge pas cela merveilleux car je ne l'estime pas rare mais qu'ils mènent le combat contr le mal, les vices et les démons, je l'appellerai non seulement merveilleux, mais digne de toutes les louanges accordées aux religieux.*

La « Compagnie du Saint Sacrement » tout comme trois siècles auparavant, « les Fidèles d'amour » de Dante et les « Moines de saint François », s'inscrivait dans la parfaite lignée du Temple.

On a beaucoup épilogué à propos de l'*Œuvre des enfants trouvés* (1638) de saint Vincent de Paul et de sa relation analogique avec une éventuelle adoption du « roi perdu » ; mais on oublie généralement d'évoquer son œuvre (17) « lazariste » et c'est pour le moins dommage en ce qui concerne les nombreuses allusions au « ressuscité » sur le site de Rhedae ! Notons simplement pour mémoire que les lazaristes seront de deux genres complémentaires :

— le type missionnaire (tels les pères Huc et Gabet, au Tibet et en Chine),

— le type contemplatif (s'approchant sensiblement des moines chartreux de saint Bruno).

N'est-ce point là l'idéal chevaleresque du Temple !...

D'ailleurs, ne faut-il pas y voir qu'un effet du hasard, si des organisations chevaleresques se réclamant de Saint-Lazare, tel l'« Ordre militaire et hospitalier de Saint-Lazare de Jérusalem » dont le vice-général était il y a quatre siècles... Francis de Fleury !

En outre l'ordre possède pour Grand Maître actuel, son quarante-septième chef suprême, Pierre de Cossé, duc de Brissac. Or, la lettre précédemment citée, adressée par l'abbé Louis Fouquet à son frère Nicolas, surintendant des Finances, ne fut-elle pas justement retrouvée parmi les archives de la famille des Cossé-Brissac (18) !

Ce qui ne nous empêche d'ailleurs pas de retrouver le duc de Brissac aux côtés d'un certain Yvon Roy de Cessac (auteur d'un ouvrage concernant les Templiers de Chinon) à la direction d'un groupement chevaleresque moderne, intitulé : « les chevaliers du Christ » (19)...

Faudrait-il en conclure à l'existence d'une parfaite filiation historique remontant aux Croisades et se rattachant à l'histoire de Rennes ? Certes non, et le lecteur, en ce lieu plus qu'en tout autre, doit faire preuve du plus extrême discernement.

Il n'en demeure pourtant pas moins vrai que M. Vincent accomplit un bien curieux périple, de 1605 à 1607, même si, tel Jean-Baptiste Poquelin alias Molière, on peut de prime abord s'interroger ainsi :

*Qu'allait-il donc faire dans cette galère ? (Les Fourberies de Scapin.)*

Bien évidemment, MM. Plantard, Cherisey et consorts devaient s'emparer de ce « trou de deux années », dans la biographie du saint homme, pour authentifier leurs prétentions « néo-mérovingistes », se jouant habilement du Verbe, en rattachant Marseille à Marceille (N.-D. de Marceille à Limoux) ainsi que son épisode « barbaresque » au mythique château de Barbarie dans la Nièvre. Quant au royaume des Maures, ne suggère-t-il, pas celui des « morts ressuscités », tel le disciple Lazare !

Allons donc ! La tentation fut séduisante et récemment d'ailleurs, une revue à grand tirage ne manqua pas de se faire l'écho de telles absurdités...

Voici donc la lettre authentique, en français de l'époque, telle que le bon M. Vincent la rédigea sans ambages à l'adresse de M. de Comet, avocat à la Cour présidiale de Dax :

> *... Estant sur le poinct de partir par terre,* dit-il, *je fus persuadé par un gentilhomme avec qui j'estois logé, de m'embarquer avec luy jusques à Narbonnes, veu la faveur du tems qui estoyt ; à ce que je fis plutot pour y estre et pour epargner, ou pour mieux dire, pour ne jamais y estre et tout perdre. Le vent nous feust aussi favorable qu'il falloit pour nous rendre ce jour à Narbonne, qui estoit faire cinquante lieues, si Dieu n'eust permis que trois brigantins turcqs qui costoyaient le golfe de Leon (pour attraper les barques qui venoient de Beaucaire, où il y avoit foire que l'on estime estre des plus belles de la chrétienté), ne nous eussent donné la chasse et attaquez si vivement que deux ou trois des nostres estant tuez et tout le reste blessés, et mesme moy, qui eus un coup de flèche qui me servira d'horloge tout le reste de ma vie, n'eussions été contrainctz de nous rendre à ces filous et pires que*

*tigres ; les premiers esclats de la rage desquelz furent de hacher nostre pilote en mile pieces pour avoir perdu un des principalz des leurs, outre quatre ou cinq forsatz que les nostres leur tuerent. Ce faict, nous enchaisnèrent, apres nous avoir grossierement pensez, poursuivirent leur poincte, faisant mile voleries, donnant neanmoingt liberté à ceux qui se rendoyent sans combattre, apres les avoir volez : et enfin, chargez de marchandise, au bout de sept ou huit jours, prinrent la route de Barbarie, taniere et spelongue de voleurs sans aveu du grand Turc, où estant arrivez, ils nous exposerent en vente avec proces verbal de nostre capture, qu'ils disoyent avoir esté faicte dans un navire espagnol, parce que sans ce mensonge, nous eussions esté delivrez par le consul que le Roy tient de là pour rendre libre le commerce aux François. Leur procedure à nostre vente feust qu'apres qu'ils nous eurent despouillez tout nudz, ils nous baillerent à chacun une paire de brayes, un hocqueton de lin, avec une benote ; nous promenerent par la ville de Thunis, où ils estoient venus pour nous vendre. Nous ayant faict faire cinq ou six tours par la ville, la chaisne au col, ils nous ramenerent en bateau affin que les marchands vinsent voir qui pourroyt manger, et qui non, pour montrer que nos playes n'estoyent point mortelles. Ce faict, nous ramenerent à la place où les marchands nous vindrent visiter tout de mesme que l'on faict à l'achat d'un cheval ou d'un bœuf, nous faisant ouvrir la bouche pour visiter nos dents, palpant nos côtes, sondant nos playes, et nous faisant cheminer le pas, troter ou courir, puis tenir des fardeaux, puis luter pour voir la force d'un chacun et milles autres sortes de brutalitez.*

*Je feus vendu à un pescheur, qui feust contrainct de se deffaire bientost de moy, pour n'avoir rien de si contraire que la mer, et, depuis, par le pescheur à un vieillard, medecin spagirique, souverain tiran de quintessences, homme fort humain et traictable, lequel, à ce qu'il me disoyt, avoyt travaillé cinquante ans à la recherche de la pierre philosophale, et en vaint quant à la pierre, mais fort seureusement à autres sortes de transmutation des metaux. En foy de quoy, je lui ai veu souvent fondre autant d'or que d'argent ensemble, les mettre en petites lamines, et puis mettre un lit de quelque poudre, puis un autre de lamines, et puis un autre de poudre dans un creuset ou vase à fondre des orfevres, le tenir au feu vingt-quatre heures, puis l'ouvrir et trouver l'argent estre devenu or ; et plus souvent encore, congeler ou fixer l'argent vif en argent fin, qu'il vendoyt pour donner aux pauvres. Mon occupation estoit de tenir le feu à dix ou douze fourneaux, en quoy, Dieu merci, je n'avois plus de peine que de plaisir. Il m'aymait fort, et se playsoit fort de me discourir de l'alchimie, et plus de sa loy, à laquelle il faisoyt tous ses efforts de m'attirer, me promettant force richesse et tout son sçavoir. Dieu opéra toujours en moy une croyance de delivrance par les assidues prieres que je luy faisoys et à la Vierge Marie, par la seule intecession de laquelle je croy fermement avoir esté délivré. L'esperance et ferme croyance donc que j'avois de vous recevoir, Monsieur, me fist estre assideu à le prier de m'enseigner le moyen de guerir de la gravelle, en quoy je lui voyais journellement faire miracle ; ce qu'il fist, voire me fist preparer et administrer les ingrediens...*

*Je feus avec ce vieillard depuis le mois de septembre 1605 jusques au mois d'aoust prochain, qu'il fut pris et mené au Grand Sultan, pour travailler avec luy ; mais en vain, car il mourut de regret par les chemins. Il me laissa à son neveu, vrai anthropomorphite, qui me revendit tost apres la mort de son oncle, parce qu'il ouyt dire, comme M. de Breve, ambassadeur pour le Roy en Turquie, venoyt, avec bonnes et expresses patentes du Grand Turcq, pour recouvrer les esclaves chretiens. Un renégat de Nice en Savoye, ennemi de nature, m'acheta et m'emmena en son temat (ainsi s'appelle le bien que l'on tient comme metayer du grand seigneur, car le peuple n'a rien, tout est au Sultan). Le temat de cestuy-ci estoit dans la montagne, où le pays est* **extremement** *chaud et desert.*

**Saint Vincent-de-Paul**

Après avoir converti cet homme au christianisme, M. Vincent s'en alla avec lui, dix mois après :

*au bout desquels, nous nous sauvâmes avec un petit esquif et nou rendismes le vingt-huitième jour de juing à Aigues-Mortes, et tot apres en Avignon, où monseigneur le vice-légat receut publiquement le renegat, la larme à l'œil et le sanglot au gosier, dans l'église de Saint-Pierre, à l'honneur de Dieu et*

> *edification des spectateurs. Mon dict seigneur... me faict cet honneur de fort aymer et caresser, pour quelques secrets d'alchimie que je luy ay aprins, desquels il faict plus d'estat, dit-il, que « si io gli avessi dato un monte di oro »* (20), *parce qu'il a travaillé tout le tems de sa vie, et qu'il ne respire autre contentement...*

On oublie généralement, à tort de mentionner cette seconde lettre, faisant écho à la précédente en accentuant l'importance des faits relatifs à l'Alchimie. Elle est adressée au même destinataire et datée de janvier 1608 :

> *... Mon estat est donc tel, en un mot, que je suis en ceste ville de Rome, où je continue mes estudes, entretenu par Monseigneur le Vice-Legat, qui estoit d'Avignon, qui me faict l'honneur de m'aymer et desirer mon avancement, pour luy avoir montré force belles choses curieuses que j'apprins pendant mon esclavage de ce vieillard turcq à qui je vous ay ecrit que je feus vendu, du nombre desquelles curiositez est le commencement, non la totale perfection, du miroir d'Archimede ; un ressort artificiel pour faire parler une teste de mort, de laquelle ce misérable se servoit pour seduire le peuple, luy disant que son dieu Mahomet luy faysoit entendre sa volonté par cette teste, et mile autres belles choses géométriques, que j'ay aprins de luy, lesquelles mondict seigneur est si jaloux qu'il ne veut pas mesme que j'accoste personne, de peur qu'il a que je l'enseigne, desirant avoir luy seul la reputation de sçavoir ces choses, lesquelles il se playst de faire voir quelque fois à sa Sainteté et aux cardinaux.*

Conséquemment, nous rangeons-nous encore à l'avis autorisé de l'Adepte Fulcanelli :

> *Ainsi s'explique-t-on, sans qu'il soit besoin d'intervention miraculeuse que le grand apôtre de la charité chrétienne ait eu le moyen de réaliser ses nombreuses œuvres philanthropiques...* (Les Demeures philosophales, t. I, p. 204.)

Et l'on peut aisément concevoir qu'un tel aveu enthousiaste ait plus tard justifié les nombreux efforts dont fit preuve Vincent de Paul, auprès de M. de Comet pour récupérer cette lettre.

Aussi, malgré l'aplomb sérieux des contradicteurs qui s'opposèrent à cette version des faits, force est bien de reconnaître tel J. Guichard, que : *nombre d'individus, état de santé de M. Vincent, connaissances médicales, expression d'alchimie, permettent de reconnaître l'exactitude de la lettre adressée à M. de Comet.* J. Guichard : *Saint Vincent de Paul, esclave à Tunis*, Paris, 1937.

Et c'est selon nous à raison, que le conteur traditionnel Charles

Perrault plaça plus tard M. Vincent parmi les hommes illustres (1'700) qui doivent susciter l'admiration.

D'ailleurs, les esprits les plus clairvoyants de l'époque ne s'étaient-ils pas rangés auparavant derrière les idéaux de la Fronde, de la Compagnie du Saint Sacrement et derrière Nicolas Fouquet, tels La Rochefoucauld et La Fontaine... à l'exception de Molière dont la méprise fut plus que regrettable, au regard de ce qu'on allait qualifier péjorativement plus tard de « Cabale des dévôts » !

Force est bien de reconnaître en effet, que l'authentique « Tartuffe » n'aurait obtenu droit de cité dans la Compagnie...

Celui qui écrivait ces quelques lignes n'avait certes rien d'un hypocrite :

> *Il faut commencer par établir le royaume de Dieu en soi et puis ensuite dans les autres. Il faut tendre à la vie intérieure et si on y manque, on manque à tout.*
>
> *... Il faut voir les choses comme elles sont en Dieu et non comme elles apparaissent, autrement nous nous tromperions gravement.* (Règles ou constitutions communes de la congrégation de la mission à Paris, 1658.)

ainsi que :

> *Je vous prie aussi de faire attention à ne vous point vouloir signaler dans votre conduite. Je désire que vous n'affectiez rien de particulier, mais que vous suiviez toujours* viam regiam (21), *cette grande route, afin de marcher sûrement et sans répréhension.* (Avis de saint Vincent de Paul, recueillis par Antoine Durand, nommé supérieur du séminaire d'Agde, 1656.)

A la mort de l'humble M. Vincent, Mgr Henri de Maupas du Tour prononça cette petite phrase « qui en dit long » :

> *Il a presque changé la face de l'Eglise.* (23 nov. 1660 ; premier éloge funèbre.)

D'ailleurs, n'est-ce pas toujours ce même saint homme qui inspirera en rêve quelque deux siècles plus tard, la jeune novice des « Filles de la Charité » : Catherine Labouré, à laquelle la Vierge à la médaille miraculeuse de la rue du Bac apparaîtra la nuit du 19 juillet 1830, après que la jeune fille ait absorbé un petit morceau de surplis en dentelles de saint Vincent de Paul :

> *Je l'ai avalé et je me suis endormie dans la pensée que saint Vincent m'obtiendrait la grâce de voir la Sainte Vierge.* (22)

Après l'affaire Fouquet (1661) et la mort d'Anne d'Autriche (1666), la Compagnie du Saint Sacrement est en sursis et aux dires du marquis d'Argenson, tous les documents secrets *furent mis dans un dépôt dont très peu de personnes avaient connaissance. (Annales de la Compagnie du Saint Sacrement, 1965.)*

Interrogeons-nous avec Raoul Allier, in *la Cabale des dévôts*, Paris, 1902 :

*Où était ce dépôt ? Ne serait-ce pas au séminaire de Saint-Sulpice ?*

Serait-il interdit de l'imaginer ailleurs ?...

Deux siècles plus tard, le séminaire de Saint-Sulpice devenait à nouveau le foyer d'une certaine résistance catholique qui allait s'étendre en Europe (23).

Le « mouvement moderniste » fut sévèrement condamné en 1907, par le pape Pie X. Il faut dire que les « modernistes » (qui n'en portaient que le nom) avaient rejoint quelques années plus tôt, le grand mouvement de protestation qui s'était élevé contre le dogme de l'infaillibilité pontificale, proclamé en 1870. L'Eglise catholique gallicane dont Bossuet en son temps se fit le chantre en avait constitué le fer de lance. D'ailleurs, l'évêque de Meaux n'avait-il pas suffisamment pris position en sa *Défense des libertés gallicanes* (24) pour affirmer la prééminence de la collégialité épiscopale en général, vis-à-vis du Saint-Siège et en particulier de l'épiscopat de la France : fille aînée de l'Eglise ! Par sa position de dépendance en regard du pouvoir royal et en dépit de certaines contradictions apparentes (25), Bossuet avait su largement protéger, faisant preuve d'une habileté diplomatique sans égal, tous ceux de la « Compagnie » dont les activités multiples démontraient subtilement, que

*le saint Sacre... ment !...*

Tant que les Eglises de Jean et de Jacques n'auront pas succédé à celle de Pierre, le précieux dépôt lié à la gnose demeurera intact au cœur de l'écrit sacré de Rhedae...

Ce 17 janvier 1986.

## NOTES

(1) Ed. Gutemberg Reprints, Paris.
(2) Gérard de Sède : *Signé : Rose-Croix*, éd. Plon, Paris.
(3) Jean-Luc Chaumeil : *le Trésor des Templiers*, éd. Veyrier, Paris. Dans ce dernier livre, l'auteur prend cette fois violemment position contre le pseudo-prieuré de Sion et ses « néo-Mérovingistes » !...

(4) Selon certains historiens de la franc-maçonnerie, les jésuites s'employèrent particulièrement à maintenir cette influence dans les deux rites « écossais ».
(5) Paul Naudon : *les Origines religieuses et corporatives de la franc-maçonnerie ; Histoire et rituels des hauts grades maçonniques : le Rite écossais ancien et accepté*, éd. Dervy, Paris.
(6) Texte de conférence : *la Filiation ésotérique du Rite écossais ancien et accepté*.
(7) A propos du Père Hoffet, voici ce qu'écrivait le Père Boucher : *Emile Hoffet avait particulièrement étudié la franc-maçonnerie et avait fait, à ce sujet, des études très intéressantes, dont j'ai déniché de nombreux manuscrits dans la cave de la maison provinciale, plus précisément près de la fournaise qui réchauffait la maison, lors de ma recherche des archives de la province du Nord. J'ai demandé de mettre ces documents particulièrement intéressants en sécurité, d'autant plus que des chercheurs les avaient consultés avec intérêt.*
(8) Songeons à l'artiste-initié à l'« Ordre du Chardon » : Albrecht Dürer, auteur de l'*Autoportrait au chardon* mais aussi d'une représentation de la *Couronne du Saint Empire* avec cette légende : *Rex Salomon – Per te reges regnant...*
(9) Il n'est pas inutile de savoir qu'il existait à Limoux, à quelques kilomètres de Rennes-le-Château, la loge des « Enfants de la Gloire des commandeurs du Temple » rattachée au rite écossais, à laquelle étaient affiliés plusieurs ecclésiastiques. /*Midi libre* 26 septembre 1976/.
(10) Cette phrase est incluse dans l'Introït de la messe votive de saint Michel.
(11) Qui n'hésitait pas à affirmer en son temps : *Surtout qu'ils gardent l'espérance qu'un jour Dieu ramènera sur le trône de France le descendant du Lys à la tête coupée et que notre chère patrie redevenue fille aînée de l'Eglise retrouvera sa grandeur et sa gloire.*
(12) N'oublions pas d'ailleurs que l'abbé Boullan, disciple de Vintras, était l'ami intime de l'écrivain Huysmans qui le mit en scène dans son roman *Là-bas* où il tient le rôle héroïque de Johannès.
Maurice Barrès était, quant à lui, très lié avec Stanislas de Guaita : l'ennemi juré de Boullan !
(13) La comtesse de Chambord effectuera également des dons à l'abbé Saunière, comme ses papiers personnels en font foi.
(14) Cf. *Vie de sainte Marguerite-Marie Alacoque de l'ordre de la Visitation Sainte-Marie* par le monastère de la Visitation Sainte-Marie, éd. J. de Gigord, Paris, 1935.
(15) Sur un tableau de De Troy, actuellement perdu, et dont figure une reproduction dans l'ouvrage d'André Dodin : *Saint Vincent de Paul et la charité*, éd. du Seuil, Paris (p. 47), on reconnaît très nettement Olier et Bossuet, entourant l'apôtre de la charité.
(16) Il est pour le moins significatif de noter que lorsque Louis XIV affirme son droit de régale, l'évêque d'Alet s'y oppose fermement. Le monarque absolu voulut alors lui faire sentir le poids de son courroux, mais Bossuet usa de toute sa finesse pour l'en dissuader !
(17) N'oublions pas qu'il fonda également en Bourgogne, l'hôpital de... « Sainte-Renne » ! N'oublions pas de mentionner au passage, l'existence de la loge maçonnique : « Salut, force, union » du « chapitre des disciples de saint Vincent de Paul » rattaché à l'Orient de Paris, fondé en 1777 (un an après que les obédiences écossaises se soient unies par traité au Grand Orient).
(18) Avant d'être publiée dans les *Actes du colloque Nicolas Poussin*, Paris, éditions du Centre national de la recherche scientifique, t. II, p. 105.
(19) Résidant à Bure-les-Templiers, en Côte-d'Or.
(20) « Si je lui avais donné une montagne d'or. »
(21) La « Voie royale »...
(22) Cf. A. Colin-Simard : *les Apparitions de la Vierge*, éd. Fayard/Mame & R. Laurentin : *Vie de Catherine Labouré*, Paris, 1980.
(23) La lecture de l'Ancien et du Nouveau Testament, faisant apparaître de troublantes contradictions, eu égard à la Tradition et en réaction contre *la Vie de Jésus* d'Ernest Renan. Les « modernistes » refusaient également la centralisation du pouvoir ecclésiastique ; leur siège étant Saint-Sulpice et son séminaire dirigé alors par J.-B. Hogan, de 1852 à 1884.
(24) *Déclaration des quatre articles* ou *Déclaration du clergé de France*, 19 mars 1682.
(25) Encore conviendrait-il même d'ajouter à ces intentions occultes, des témoignages officiels tels les panégyriques de l'évêque saint Sulpice (prononcé en l'ancienne église Saint-Sulpice, à Paris, le 17 janvier 1664), visant à l'apologie de l'humilité et de saint Bernard (prononcé à Metz, le 20 août 1656) visant à la simplicité du cœur, dans le plus pur « esprit du Temple »...

*Annexe de Patrick Rivière*

## NICOLAS POUSSIN : peintre initiatique

Ce qui caractérise notre artiste, maître du classicisme français, n'est évidemment pas l'innovation mais une sorte de culte, dont Poussin deviendra le chantre, rendu à la Nature et à la Tradition. Le critique d'art Jacques Thuillier n'hésite pas à écrire :

> *Contre les excès maniéristes s'étaient dressés au début du siècle non seulement le franc réalisme des Carraches, mais le réalisme provocateur du Caravage. Le XVIIᵉ siècle s'est reconnu dans leur réaction, et il a toujours proclamé que la nature devait être la maîtresse de l'artiste, que les formes naturelles demeuraient l'indispensable langage. Dans tout le siècle, et pour tous les arts point d'affirmation plus répandue que celle-là. Un La Fontaine encore proclamera hautement :*
> *Et maintenant il ne faut pas*
> *Quitter la nature d'un pas...*

et Pierre Courthion d'ajouter (1) :

> *Déjà dans le printemps, son art ne ment pas. La nature apparaît nouvellement née. Tout y est : les arbres, les fleurs, les feuilles dans leur éclosion, le monde fraîchement peint en vert, la propreté première de l'air et du soleil. Pour la première fois la peinture de Poussin sourit et se fait tendre.*
> *... Les herbes, les buissons, les arbres fruitiers du printemps sont rendus avec une diversité dont le prodige ne ressort qu'à l'analyse. Des mondes comme ceux des Quatre Saisons, il les faut contempler longuement, il les faut étudier, il faut souvent leur rendre visite : ce sont des tableaux avec lesquels on peut passer sa vie sans jamais parvenir à les « posséder ». Ils réalisent la synthèse de tout une œuvre compliquée, ouvrent mille chemins à l'œil comme à la pensée. Leur abondance cachée découvre un à un ses fruits.*

Plus tard, Corot dira, émerveillé devant les *Saisons* du maître : *Voilà le paysage !*

Très tôt, il se rend par deux fois, à pied et affamé, en Italie.

Formé à l'Ecole de la Renaissance italienne, il deviendra le maître du classicisme français.

Admirateur « du Poussin » Pierre Courthion écrit :

> *Ce que Raphaël a fait pour l'Italie, Poussin le fait pour la France précieuse de son temps.*

Opinion que ne semblait pas partager Eugène Delacroix qui écrivit, dans le *Moniteur universel*, 26-30 juin 1855 :

> *Le Poussin a trouvé incontestablement la beauté ; mais elle n'a pas, dans ses tableaux, cet attrait irrésistible qui nous charme dans ceux de Raphaël. Les figures des divinités qu'il emprunte à la fable, celles de ses saintes et de ses Madones ont beaucoup de noblesse, mais elles la doivent surtout à une certaine correction un peu monotone et un peu froide. Il ne peint ni la modeste rougeur des Vierges, ni la pâleur extatique des saints et des martyrs ; il n'a pas cette onction pénétrante des vierges de Murillo, non plus que la douce langueur et la tendre complexion de celles du Corrège...*

C'est pourtant, dans une solennité toute naturelle qu'il réalisera ses œuvres religieuses et mythiques car :

> *Son christianisme, comme le catholicisme de Cézanne, ne consiste pas dans la peinture de bondieuseries, mais dans la reconnaissance de Dieu présent dans la Création.* (2)

Cézanne écrira d'ailleurs :

> *Je veux que la fréquentation d'un maître me rende à moi-même ; toutes les fois que je sors de chez Poussin, je sais mieux qui je suis.* (3)
>
> *Nicolas Poussin atteignit le comble de l'érudition. Non seulement il étudia la perspective des formes et l'anatomie humaine mais il fut très instruit dans le domaine des sciences et des mathématiques pures ainsi qu'en histoire et particulièrement en ce qui concerne la mythologie gréco-latine ainsi que la géographie du monde antique. Poussin a dépassé son temps, il est peintre, il est poète, il est musicien, il est philosophe.* (4)
>
> *Le soir il se plonge dans la géométrie, la perspective, l'optique, l'anatomie, lit les écrits du médecin hollandais Andreas Vesalius,* De humani corporis Fabrica, *accompagnés de gravures sur bois d'un élève de Titien, assiste aux dissections du chirurgien Nicolas Larcher, s'initie aux proportions d'après un ouvrage de Dürer, à la perspective d'après les écrits du père Zoccolini, à l'architecture, à la peinture dans les traités de Leon Battista Alberti.*

Il semble bien que les préoccupations de l'artiste se soient manifestement orientées au cœur des mythes antiques.

Joshua Reynolds, dans son *Discours sur la peinture* (Paris, 1909) écrira à cet égard :

> *Les sujets favoris de Poussin ont été les fables anciennes, et aucun peintre n'a jamais eu plus de titres à peindre de pareils sujets, non seulement à cause de la connaissance profonde qu'il avait des cérémonies, coutumes et usages des Anciens, mais encore à cause de sa science des divers caractères donnés à leurs figures allégoriques par ceux qui les ont inventées.*

Poussin s'est attaché dans ses œuvres à faire passer la sévérité des volumes.

Citons entre autres : *Vénus montrant ses armes à Enée, Pan et Syrinx, l'Enlèvement des Sabines, le Passage de la mer Rouge, le Massacre des innocents, Bataille de Josué contre les Amorites, le Martyre de saint Erasme, la Peste d'Azoth* ou encore la merveilleuse *Adoration du veau d'or*.

Moins solennelles et plus éthérées apparaissent *l'Empire de Flore, le Triomphe de Flore*, voire même *les Bacchanales Richelieu*. Mais c'est à travers les sujets bucoliques qu'il exprime pleinement son amour et son mysticisme au sein de la Nature : *Bacchanale, Echo et Narcisse, la Naissance de Bacchus, Apollon amoureux de Daphné, le Paysage aux deux nymphes* et bien entendu les deux versions des *Bergers d'Arcadie*. Décidément cette phrase énigmatique : *Et in Arcadia Ego* semble bien avoir arrêté notre érudit artiste dont le sceau renferme la même signification puisque *Tenet Confidentiam*, « il est dans la confidence » s'apparente au sens général de la connaissance d'un mystère d'une haute valeur car, ne l'oublions pas, « celui qui est allé en Arcadie » est dans le « secret des dieux » !...

Ce sceau représente d'ailleurs, et l'écrivain Gérard de Sède fut le premier à le signaler (5) un homme tenant une nef ou une « arche » or *arca* en latin ne signifie-t-il pas « caisse », coffret ou tout objet en forme de caisse comme un cercueil ou un tombeau. D'ailleurs le tombeau « des bergers d'Arcadie » ne se trouve-t-il pas sur la route d'Arques à quelques kilomètres de la petite cité thermale de Rennes-les-Bains ! *Arcano* et *Arcanum* soulignent l'aspect mystique et secret que nous évoque le maître dans ses deux merveilleux tableaux.

Quel mystérieux projet fomentait le maître et dont son ami Fouquet s'entretenait en ces termes avec son frère, alors surintendant des finances et peut-être plus riche que son propre monarque : le roi Louis XIV !

Comme le remarque fort justement Gérard de Sède, Poussin a souvent représenté le même motif sur ses toiles, à savoir une cruche d'eau renversée. Citons à cet égard : *Pan et Syrinx, le Frappement de rocher, les Bacchanales Richelieu, Vénus montrant ses armes à Enée*. Serait-ce pour signaler l'importance du vase sacré contenant le divin breuvage !

Songeons au « gréal » des Celtes, puis plus tard au saint « Graal », objet sacré de la quête de la chevalerie célestielle dans le cycle des romans de la Table Ronde. N'oublions pas non plus que le Christ utilisera ce symbole pour annoncer tout d'abord le mystère des *Noces de Cana* puis celui de la Sainte Cène au soir du jeudi saint :

> *Voici, quand vous entrerez dans la ville, vous rencontrerez un homme porteur d'une cruche d'eau. Suivez-le dans la maison où il entrera et vous direz au maître de cette demeure : « Celui qui enseigne te dit : Où est la salle de repos où je pourrai manger la Pâque avec mes disciples ? » Et il vous montrera à l'étage supérieur, un grand cénacle où le lit de table est tendu. Ils trouvèrent comme il avait dit et préparèrent la Pâque.* (Atlantis n° 264, art. I. Dionysios.)

Et comme il se doit, la mystérieuse cruche se retrouve sur le premier tableau des *Bergers d'Arcadie* et c'est le *Roi Midas* semble-t-il qui l'utilise, en se lavant dans les eaux du Pactole pour se débarrasser de l'or qui s'attachait sans cesse à lui. D'ailleurs souvenons-nous que cette toile était indissociable d'une autre qui portait comme titre *le Roi Midas se lavant dans le Pactole* où Bacchus se tient exactement dans la même position que le *Roi Midas* associant le culte dionysiaque au mythe du vase sacré et bien entendu la couronne de laurier souligne la provenance du métal sacré évoqué : « laurier » : « l'or y est » !...

En guise de conclusion, *le Temps et la vérité* nous indique clairement que la vérité pure et nue se soustraira toujours aux convoitises impies. Elle se dérobe aux regards de l'envie et de la discorde. Et l'ange élève le soleil et la lune sous les formes respectives du serpent Ouroboros et de la faucille.

Le cardinal Richelieu avait-il aussi commandé au maître ce merveilleux symbolisme pour entourer l'œuvre qui devait illustrer le plafond du grand cabinet de son palais en 1641 !

Laissons ici la parole à Jacques Thuillier :

> *On conçoit aussi son durable privilège : car le vrai rang d'un artiste se mesure sans doute aux dons de la main et de l'œil, mais d'abord au niveau où s'établit, entre son art et lui, ce dialogue spirituel qui est sens même de toute création.*

> *Bienheureux, âme belle, qui te voit !*
> *Vous m'appelâtes alors : grâces vous en soient rendues.*
>
> Dante Alighieri, *Vita Nova*, XXIV.

# NOTES

(1) *Nicolas Poussin*, librairie Plon, Paris, 1929.
(2) *Nicolas Poussin*, Pierre Courthion.
(3) *Paul Cézanne*, cité dans J. Gasquet. P. Cézanne, Paris, 1926, p. 192.
(4) *N. Poussin*, P. Courthion, p. 53.
(5) *La Race fabuleuse*, Gérard de Sède, Paris, 1973.

*Annexes*

Panégyrique prêché par *Mgr J.-B. Bossuet* le *17 janvier* jour de la Saint-Sulpice\* de l'an 1664, dans l'ancienne église Saint-Sulpice à Paris.
Suivi de :
Discours sur l'histoire universelle à Mgr le Dauphin par J.-B. Bossuet, § IV et XXIX.

\* « Sulpice le Pieux » Evêque de Bourges †647.

J.-B. Bossuet : « L'Aigle » de Meaux... (1627-1704)

# PANÉGYRIQUE DE SAINT-SULPICE

*Prêché devant la reine mère*

Trois grâces dans l'Eglise,
pour surmonter le monde et ses vanités :
Ces trois grâces réunies en saint Sulpice. Innocence de sa vie
à la cour : ses vertus dans l'épiscopat : sa retraite avant sa mort, pour régler
ses comptes avec la justice divine. Excellentes leçons qu'il
fournit, dans ces différents états, aux ecclésiastiques
et à tous les chrétiens.

> *Nos autem non spiritum hujus mundi accepimus, sed spiritum qui ex Deo est ; ut sciamus quæ a Deo donata sunt nobis.*
> Pour nous, nous n'avons pas reçu l'esprit de ce monde, mais un esprit de Dieu, pour connaître les choses qu'il nous a données.
>
> I *Cor.*, II, 12.

Chaque compagnie a ses lois, ses coutumes, ses maximes et son esprit ; et lorsque nos emplois ou nos dignités nous donnent place dans quelque corps, aussitôt on nous avertit de prendre l'esprit de la compagnie dans laquelle nous sommes entrés. Cette grande société, que l'Ecriture appelle le monde, a son esprit qui lui est propre ; et c'est ce que l'apôtre saint Paul appelle, dans notre texte, l'esprit du monde. Mais comme la grâce du christianisme est répandue en nos cœurs, pour nous séparer du monde et nous dépouiller de son esprit ; un autre esprit nous est donné, d'autres maximes nous sont proposées : et c'est pourquoi le même saint Paul, parlant de la société des enfants de Dieu, a dit ces belles paroles : « Nous n'avons pas reçu l'esprit de ce monde ; mais un "esprit qui est de Dieu, pour connaître les dons de sa grâce" » : *Ut sciamus quæ a Deo donata sunt nobis.*

Si le saint que nous honorons, et dont je dois prononcer l'éloge, avait eu l'esprit de ce monde, il aurait été rempli des idées du monde, et il aurait marché, comme les autres, dans la grande voie, courant après les délices et les vanités ; mais étant plein au contraire de l'esprit de Dieu, il a connu parfaitement les biens qu'il nous donne ; un trésor qui ne se perd pas, une vie qui ne finit pas, l'héritage de Jésus-Christ, la communication de sa gloire, la société de son trône. Ces grandes et nobles idées ayant effacé de son cœur les idées du monde, la cour ne l'a point corrompu par ses faveurs, ni engagé par ses attraits, ni trompé par ses espérances ; et il nous enseigne, par ses saints exemples, à nous défaire entièrement de l'esprit du monde, pour recevoir l'esprit du christianisme. Venez donc apprendre aujourd'hui [ de ce grand serviteur de Dieu, le mépris que vous devez faire du monde, de ses plaisirs et de toutes ses vanités].

Jésus-Christ, ce glorieux conquérant, a eu à combattre le ciel, la terre et les enfers ; je veux dire, la justice de Dieu, la rage et la furie des démons, des persécutions inouïes de la part du monde : toujours grand, toujours invincible, il a triomphé dans tous ces combats ; tout l'univers publie ses victoires. Mais celle dont il se glorifie avec plus de magnificence, c'est celle qu'il a gagnée sur le monde ; et je ne lis rien dans son Evangile, qu'il ait dit avec plus de force, que cette belle parole : « Prenez courage, j'ai vaincu "le monde" » ; *Confidite, ego vici mundum* (1).

Il l'a vaincu en effet, lorsque, crucifié sur le Calvaire, il a couvert, pour ainsi dire, la face du monde de toute l'horreur de sa croix, de toute l'ignominie de son supplice. Non content de l'avoir vaincu par lui-même, il le surmonte tous les jours par ses serviteurs. Il est sorti de ses plaies un esprit victorieux du monde, qui, animant le corps de l'Eglise, la rend saintement féconde, pour engendrer tous les jours une race spirituelle, née pour triompher glorieusement de la pompe, des vanités et des délices mondaines.

Cette grâce victorieuse des attraits du monde n'agit pas de la même sorte dans tous les fidèles. Il y a de saints solitaires qui se sont tout à fait retirés du monde ; il y en a d'autres non moins illustres, lesquels y vivant sans en l'être, l'ont, pour ainsi dire, vaincu dans son propre champ de bataille. Ceux-là, entièrement détachés, semblent désormais n'user plus du monde ; ceux-ci, non moins généreux, en usent comme n'en usant pas, selon le précepte de l'Apôtre (2) : ceux-là, s'en arrachant tout à coup, n'ont plus rien à démêler avec lui ; ceux-ci sont toujours aux mains, et gagnent de jour en jour, par un long combat, ce que les autres emportent tout à la fois par la seule fuite : car ici la fuite même est une victoire ; parce qu'elle ne vient ni de surprise ni de lâcheté, mais d'une ardeur de courage qui rompt ses liens, force sa prison, et assure sa liberté par une retraite glorieuse.

Ce n'est pas assez, chrétiens, et il y a dans l'Eglise une grâce plus excellente ; je veux dire, une force céleste et divine, qui nous fait non-seulement surmonter le monde, par la fuite ou par le combat, mais qui en doit inspirer le mépris aux autres. C'est la grâce de l'ordre ecclésiastique : car, comme on voit dans le monde une efficace d'erreur, qui fait passer de l'un à l'autre, par une espèce de contagion, l'amour des vanités de la terre ; il a plu au Saint-Esprit de mettre dans ses ministres une efficace de sa vérité, pour détacher tous les cœurs de l'esprit du monde, pour prévenir la contagion qui empoisonne les âmes, et rompre les enchantements par lesquels ils les tient captives.

Voilà donc trois grâces qui sont dans l'Eglise, pour surmonter le monde et ses vanités : la première, de s'en séparer tout à fait, et de s'éloigner de son commerce ; la seconde, de s'y conserver sans corruption, et de résister à ses attraits ; la troisième, plus éminente, est d'en imprimer le dégoût aux autres, et d'en empêcher la contagion. Ces trois grâces sont dans l'Eglise ; mais il est rare de les voir unies dans une même personne, et c'est ce qui me fait admirer la vie du grand saint Sulpice. Il l'a commencée à la cour, il l'a finie dans la solitude : le milieu en a été occupé dans les fonctions ecclésiastiques. Courtisan, il a vécu dans le monde sans être pris de ses charmes : évêque, il en a détaché ses frères : solitaire, il a désiré de finir ses jours dans une entière retraite. Ainsi successivement, dans les trois états de sa vie, nous lui verrons surmonter le monde, de toutes les manières dont on le peut vaincre : car il s'est opposé généreusement à ses faveurs dans la cour, au cours de sa malignité dans l'épiscopat, à la douceur de son commerce dans la solitude : trois points de ce discours.

PREMIER POINT

Quoique les hommes soient partagés en tant de conditions différentes ; toutefois, selon l'Ecriture, il n'y a que deux genres d'hommes, dont les uns composent le monde, et les autres la société des enfants de Dieu. Cette solennelle division est venue, dit saint Augustin (3), de ce que l'homme n'a que deux parties principales ; la partie animale, et la raisonnable ; et c'est par là que nous distinguons deux espèces d'hommes, parce que les uns suivent la chair, et les autres sont gouvernés par l'esprit. Ces deux races d'hommes ont paru d'abord en figure, dès l'origine des siècles, en la personne et dans la famille de Caïn et de Seth ; les enfants de celui-ci étant toujours appelés les enfants de Dieu, et au contraire ceux de Caïn étant nommés constamment les enfants des hommes ; afin que nous distinguions qu'il y en a qui vivent comme nés de Dieu, selon les mouvements de l'esprit ; et les autres comme nés des hommes, selon les inclinations de la nature.

De là ces deux cités renommées, dont il est parlé si souvent dans les saintes Lettres ; Babylone charnelle et terrestre ; Jérusalem divine et spirituelle, dont l'une est posée sur les fleuves, c'est-à-dire, dans une éternelle agitation ; *Super aquas multas,* dit l'Apocalypse (4) : ce qui a fait dire au Psalmiste : « Assis sur les fleuves de Babylone (5) » ; et l'autre est bâtie sur une montagne, c'est-à-dire, dans une consistance immuable. C'est pourquoi le même a chanté : « Celui qui se confie en Dieu est comme sur la montagne de Sion ; celui qui habite en Jérusalem ne sera jamais ébranlé » : *Qui confidunt in Domino sicut mons Sion* (6). Or, encore que ces deux cités soient mêlées de corps, elles sont, dit saint Augustin (7), infiniment éloignées d'esprit et de mœurs : ce qui nous est encore représenté dès le commencement des choses, en ce que les enfants de Dieu s'étant alliés, par les mariages, avec la race des hommes ; ayant trouvé, dit l'Ecriture (8), leurs filles belles, ayant aimé leurs plaisirs et leurs vanités ; Dieu, irrité de cette alliance, résolut, en sa juste indignation, d'ensevelir tout le monde dans le déluge : afin que nous entendions que les véritables enfants de Dieu doivent fuir entièrement le commerce et l'alliance du monde, de peur de communiquer, comme dit l'Apôtre (9), à ses œuvres infructueuses.

C'est pourquoi le sauveur Jésus, « l'Illuminateur des antiquités », *Illuminator antiquitatum* (10), parlant de ses véritables disciples, dont les noms sont écrits au ciel : « Ils ne sont pas du monde, dit-il (11), comme je ne suis pas du monde » ; et quiconque veut être du monde il s'exclut volontairement de la société de ses prières, et de la communion de son sacrifice, Jésus-Christ ayant dit décisivement : « Je ne prie pas pour le monde. » (12)

J'ai dit ces choses, mes frères, afin que vous connaissiez que ce n'est pas une obligation particulière des religieux de mépriser le monde ; mais que la nécessité de s'en séparer est la première, la plus générale, la plus ancienne obligation de tous les enfants de Dieu.

Si nous en croyons l'Evangile, rien de plus opposé que Jésus-Christ et le monde ; et de ce monde, messieurs, la partie la plus éclatante, et par conséquent la plus dangereuse, chacun sait assez que c'est la cour. Comme elle est le principe et le centre de toutes les affaires du monde, l'ennemi du genre humain y jette tous ses appâts, y étale toute sa pompe.

Saint Sulpice, nourri à la cour dès sa jeunesse [triompha, par un miracle singulier de la grâce, de ses artifices et de sa séduction. Il sut vivre sans ambition au milieu des honneurs qui l'environnaient ; sans volupté parmi tous les plaisirs qui le sollicitaient ; sans partialité, malgré tous les intérêts qui divisent d'ordinaire les courtisans ; sans avarice, quoiqu'il ne vît que des hommes occupés à tout attirer à eux, soigneux de tout ménager, pour parvenir au terme de leurs espérances. Tant de périls ne servirent qu'à faire mieux éclater l'innocence de Sulpice : la candeur de ses mœurs, sa simplicité, sa modestie, sa douceur, forcèrent de le respecter dans un lieu où ces vertus trouvent si peu d'accès, et ou tous les vices opposés règnent souverainement. Un si bel exemple fit impression ; et l'on vit, par les conversions extraordinaires qu'il produisit, combien la vertu pure et sincère a d'empire sur les cœurs les moins disposés à l'embrasser.]

Sulpice, chaste dans un âge [où la pureté fait les plus tristes naufrages, après avoir résisté à toutes les caresses du monde, voulut, pour affirmer davantage sa vertu contre les écueils qu'elle avait à craindre, sceller ses résolutions par des engagements, qui ne pussent lui permettre d'écouter aucune espèce de proposition. Il fit donc vœu de virginité ; et déjà irréprochable dans toute sa conduite, il se montra encore plus sévère, et porta les précautions jusqu'à la dernière délicatesse.]

O sainte chasteté ! fleur de la vertu, ornement immortel des corps mortels, marque assurée d'une âme bien faite, protectrice de la sainteté et de la foi mutuelle dans les mariages, fidèle dépositaire de la pureté du sang des races, et qui seule en sais conserver la trace ! quoique tu sois si nécessaire au genre humain, où te trouve-t-on sur la terre ? O grand opprobre de nos mœurs ! l'un des sexes a honte de te conserver ; et celui auquel il pourrait sembler que tu es déchue en partage, ne se pique guère moins de te perdre dans les autres, que de te conserver en soi-même. Confessez-vous à Dieu devant ces autels, vaines et superbes beautés, dont la chasteté n'est qu'orgueil ou affectation et grimace : quel est votre sentiment, lorsque vous vous étalez avec tant de pompe, pour attirer les regards ? dites-moi seulement ce mot ? Quels regards désirez-vous attirer ? sont-ce des regards indifférents ? Ah ! quel miracle, que saint Sulpice, jeune et agréable, n'ait jamais été pris dans ces pièges : sachant qu'il ne devait l'amour qu'à son Dieu, jamais il n'a souillé dans son cœur la source de l'amour. Ange visible [tandis que son cœur brûlait du feu céleste de la charité, son corps, embrasé de cette divine flamme, se consumait tout entier au service de son Dieu, dans les exercices de la piété chrétienne et les austérités de la pénitence]. Ses autres vertus n'étaient pas de ces vertus du monde et de commerce, ajustées non point à la règle, elle serait trop austère ; mais à l'opinion et à l'humeur des hommes : ce sont là les vertus des sages mondains, ou plutôt c'est le masque spécieux sous lequel ils cachent leurs vices.

[Que la vertu de Sulpice avait des caractères bien différents ! Parce qu'elle était chrétienne et véritable, elle était sévère et constante, fermement attachée aux règles, incapable de s'en détourner pour quelque prétexte que ce pût être]. Sa bonne foi [dans les affaires ne reçut jamais la moindre atteinte] ; sa probité, [supérieure à toutes les vues d'intérêt, demeura toujours inaltérable] ; sa justice [ne connut aucune de ces préférences, que suggèrent la cupidité ou le respect humain] ; sa candeur [ne permettait pas même de suspecter sa sincérité] ; et son innocence [qui s'affermissait de plus en plus, par tous les moyens qui auraient pu l'affaiblir, embellissait toutes ses autres vertus. Le plus beau et le plus grand encore, c'est qu'au milieu de tant de faveurs et de considérations que lui procurait son mérite, il savait toujours conserver une [admirable modération. Mais peut-être ne durera-t-elle que jusqu'à ce qu'elle ait gagné le dessus : car le génie de l'ambition, c'est d'être tremblante et souple lorsqu'elle a des prétentions ; et quand elle est parvenue à ses fins, la faveur la rend audacieuse et insupportable : *Pavida cum quærit, audax cum pervenerit* (13). Un habile courtisan disait autrefois qu'il ne pouvait souffrir à la cour l'insolence et les outrages des favoris, et encore moins, disait-il, leurs civilités superbes et dédaigneuses, leurs grâces trop engageantes, leur amitié tyrannique, qui demande, d'un homme libre, une dépendance servile : *Contumeliosam humanitatem* (14).

Sulpice, toujours modéré, sut se tenir dans les bornes que l'humilité chrétienne lui prescrivait. Pour se détromper du monde, il allait se rassasier de la vue des opprobres de Jésus-Christ dans les hôpitaux et dans les prisons. [Il voyait une] image de la grandeur de Dieu dans le prince, [et il trouvait une] image de la bassesse de Jésus-Christ et de ses humiliations dans les pauvres. Le favori de Clotaire, aux pieds d'un pauvre ulcéré, adorant Jésus-Christ sous des haillons, et expiant la contagion des grandeurs du monde ; quel beau spectacle ! Mais il évitait, le plus qu'il était possible, les regards des hommes, et ne cherchait qu'à leur cacher [ses bonnes œuvres ; bien éloigné d'imiter] ces vertus trompeuses, qui se rendent elles-mêmes captives des yeux qu'elles veulent captiver. [C'est ainsi que Sulpice a su se conserver pur et sans tache, au milieu de toutes les faveurs les plus capables d'amollir un cœur tendre, et de lui inspirer l'amour du monde. Il a vaincu le monde dans sa partie la plus séduisante et la plus redoutable : voyons comment, après en avoir triomphé lui-même, il va travailler à détruire son empire sur les autres.]

### SECOND POINT

La grâce du baptême porte une efficace, pour nous détacher du monde ; la grâce de l'ordination porte une efficace divine, pour imprimer ce détachement dans tous les cœurs.

Le royaume de Jésus-Christ n'est pas de ce monde. Il y a guerre déclarée entre Jésus-Christ et le monde, une inimitié immortelle ; le monde le veut détruire, et il veut détruire le monde. Ceux qu'il établit ses ministres doivent donc entrer dans ses intérêts : s'il y a en eux quelque puissance, c'est pour détruire la puissance qui lui est contraire. Ainsi, toute la puissance ecclésiastique est destinée à abattre les hauteurs du monde : *Ad deprimendam altitudinem sæculi hujus.*

On reçoit le Saint-Esprit dans le baptême, dans une certaine mesure ; mais on en reçoit la plénitude dans l'ordination sacrée ; et c'est ce que signifie l'imposition des mains de l'évêque : car, comme dit un ancien écrivain (15), ce que fait le pontife mû de Dieu, animé de Dieu, c'est l'image de ce que Dieu fait d'une manière plus forte et plus pénétrante. L'évêque ouvre les mains sur nos têtes ; Dieu verse, à pleines mains, dans les âmes la plénitude de son Saint-Esprit. C'est ce qui fait dire au saint pape : « La plénitude de l'Esprit-Saint opère dans l'ordination sacrée » : *Plenitudo Spiritus in sacris ordinationibus operatur* (16). Le Saint-Esprit, dans le baptême, nous dépouille de l'esprit du monde : *Non enim spiritum hujus mundi accepimus.* La plénitude du Saint-Esprit doit faire dans l'ordination quelque chose de beaucoup plus forte : elle doit se répandre bien loin au dehors, pour détruire dans tous les cœurs l'esprit et l'amour du monde. Animons-nous, mes frères ; c'est assez pour nous d'être chrétiens, trop d'honneur de porter ce beau caractère : *Propter nos nihil sufficientius est.* Si donc nous sommes ecclésiastiques, c'est sans doute pour le bien des autres.

Que n'a pas entrepris le grand saint Sulpice pour détruire le règne du monde ? Mais c'est peu de dire qu'il a entrepris : ses soins paternels opéraient sans cesse de nouvelles conversions. Il y avait dans ses paroles et dans sa conduite une certaine vertu occulte, mais toute-puissante, qui inspirait le dégoût du monde. Nous lisons dans l'histoire de sa vie, que, durant son épiscopat, tous les déserts à l'entour de Bourges étaient peuplés de saints solitaires. Il consacrait tous les jours à Dieu des vierges sacrées ; [il apprenait aux familles à user de ce monde, comme n'en usant pas ; et partout il répandait un esprit de détachement, qui portait les cœurs à ne soupirer qu'après les biens célestes].

D'où lui venait ce bonheur, cette bénédiction, cette grâce, d'inspirer si puissamment le mépris du monde ? Qu'y avait-il dans sa vie et dans sa personne qui fût capable d'opérer de si merveilleux changements ? C'est ce qu'il faut tâcher d'expliquer en faveur de tant de saints ecclésiastiques qui remplissent ce séminaire et cette audience. Deux choses produisaient un si grand effet : la simplicité ecclésiastique, qui condamnait souverainement la somptuosité, les délices, les superfluités du monde ; un gémissement paternel sur les âmes, qui étaient captives de ses vanités.

La simplicité ecclésiastique, c'est un dépouillement intérieur qui, par une sainte circoncision, opère au dehors un retranchement effectif de toutes superfluités. En quoi le monde paraît-il grand ? Dans ses superfluités : de grands palais, de riches habits, une longue suite de domestiques. L'homme si petit par lui-même, si resserré en lui-même, s'imagine qu'il s'agrandit, et qu'il se dilate, en amassant autour de soi des choses qui lui sont étrangères. Le vulgaire est étonné de cette pompe, et ne manque pas de s'écrier : Voilà les grands, voilà les heureux. C'est ainsi que la puissance du monde tâche de faire voir que ses biens sont grands. Une autre puissance est établie, pour faire voir qu'il n'est rien ; c'est la puissance ecclésiastique.

Toutes nos actions, jusqu'aux moindres gestes du corps, jusqu'au moindre et plus délicat mouvement des yeux, doivent ressentir le mépris du monde. Si la vanité change tout, le visage, le regard, le son de la voix ; car tout devient instrument de la vanité : ainsi la simplicité doit tout régler ; mais qu'elle ne soit jamais affectée, parce qu'elle ne serait plus simplicité. Entreprenons, messieurs, de faire voir à tous les hommes, que le monde n'a rien de solide ni de désirable ; et pour cela [imitons] la frugalité, la modestie et la simplicité du grand saint Sulpice. « Ayant donc de quoi nous nourrir et de quoi nous couvrir, nous devons être contents » : *Habentes alimenta et quibus tegamur, his contenti simus* (17). Que nous servent ces cheveux coupés, si nous nourrissons au dedans tant de désirs superflus, pour ne pas dire pernicieux ? [Saint Sulpice nous a appris, par son exemple, à faire sur nous-mêmes de continuels efforts, pour les retrancher jusqu'à la racine.]

[Sa vie, tout ecclésiastique, annonçait un pasteur entièrement mort aux choses du siècle, uniquement dévoué aux intérêts de Jésus-Christ et au salut des âmes. Loin de profiter des moyens que lui fournissait sa place, pour se procurer plus d'aisances, de commodités et d'éclat extérieur, il jugea, au contraire, que sa charge lui imposait une nouvelle obligation de faire chaque jour, dans sa vie, de plus grands retranchements. Déjà, n'étant qu'abbé de la chapelle du roi Clotaire second, il n'avait voulu retenir, pour sa subsistance et celle des clercs qu'il gouvernait, que le tiers des appointements que le roi lui donnait ; et il distribuait le reste aux pauvres. Mais lorsqu'il fut élevé sur le siège de Bourges, il crut encore devoir augmenter sa pénitence, redoubler ses austérités, et pratiquer un détachement plus universel. Rien de plus frugal que sa table ; on n'y donnait rien à la sensualité et au plaisir : rien de plus modeste que ses habits ou ses meubles ; tout y ressentait la pauvreté de Jésus-Christ : rien enfin de plus simple que toute sa conduite, de plus affable que sa personne. Sa bonté, pleine de tendresse, le fit regarder comme le père de son peuple ; et sa douceur, toujours égale, lui mérita le surnom de Débonnaire. Qu'il était éloigné de vouloir en imposer à ses peuples par la magnificence de ses équipages et la pompe de son cortège ! Ministre de la loi de charité, il voulait inspirer l'amour, et non la terreur ; et pour y réussir, il lui suffisait de se montrer avec l'appareil de ses vertus. Aussi les pauvres formaient-ils tout son train ; et, à l'exemple d'un grand évêque, « il mettait toute sa sûreté dans le secours de leurs « prières » : *Habeo defensionem, sed in orationibus pauperum.* « Ces aveugles, pouvait-il dire avec saint Ambroise, ces boiteux, ces infirmes, ces vieillards, qui me suivent et m'accompagnent, sont plus capables de me défendre que les soldats les plus braves et les plus aguerris » : *Cæci illi et claudi, debiles et senes, robustis bellatoribus fortiores sunt* (19).

C'est ainsi, chrétiens, que Sulpice travaillait à retracer dans toute sa vie les mœurs apostoliques, et à fournir, à tous les siècles vivants, un modèle accompli de toutes les vertus qui doivent orner un ministre de Jésus-Christ. O que la frugalité de ce digne pasteur condamnera d'ecclésiastiques, qui prétendent se distinguer par ces profusions splendides, ces délicatesses recherchées de leur table, dont la religion rougit pour eux ! Comment le faste de leur ameublement somptueux pourra-t-il soutenir le parallèle de la modestie évangélique de ce saint évêque ? L'aimable simplicité de ses manières ne suffit-elle pas pour confondre à jamais ces superbes hauteurs, que des vicaires de l'humanité et de la servitude de

Jésus-Christ affectent à l'égard des peuples qui leur sont confiés ; le dirai-je, à l'égard même de leurs coopérateurs ? Ont-ils donc oublié avec quelle force le souverain Pasteur leur interdit l'esprit de domination, et combien il leur recommande la douceur et la condescendance, dont il leur a donné de si grands exemples ?

Mais que prétendent les ecclésiastiques qui, loin d'imiter le zèle de saint Sulpice, pour ruiner l'esprit du monde, semblent au contraire, par une vie toute profane, n'être appliqués qu'à le faire vivre, l'étendre et l'affermir ? Croient-ils que, [par des mœurs si opposés à celles de nos pères, ils se rendront plus recommandables dans le monde, qu'ils cultivent avec tant de soin ? Mais ce monde même, dont ils veulent se montrer amis, et obtenir la considération, les méprise souverainement, parce qu'il sait quelle doit être la vie d'un ministre des autels ; et, aveugles qu'ils sont, ils ne voient pas qu'il ne fait effort, pour les entraîner dans ses mœurs dépravées, qu'afin de les avilir et de les dégrader, et de faire rejaillir ensuite, sur la religion qu'ils doivent maintenir, l'opprobre dont il les aura couverts. S'ils veulent donc vraiment se distinguer, qu'ils pensent sérieusement à se séparer de la multitude, par la sainteté d'une vie qui les élève autant au dessus du commun des hommes, qu'ils leur sont supérieurs par l'éminence de leur caractère.] « Car la dignité sacerdotale exige, de ceux qui en sont revêtus, une gravité de mœurs peu commune, une vie sérieuse et appliquée, une vertu toute singulière » : *Sobriam a turbis gravitatem, seriam vitam, singulare pondus, dignitas sibi vindicat sacerdotalis* (19). Sont-ils jaloux de soutenir en eux l'autorité du sacerdoce ; qu'ils pensent à l'assurer par le mérite de leur foi et la sainteté de leur vie : *Dignitatis suæ auctoritatem fidei et vitæ meritis quærant* (20). [Mais que jamais ils ne se fassent assez d'illusion, pour croire se rendre vénérables par une pompe extérieure, qui ne peut qu'éblouir les yeux des ignorants, et qui leur attire une amère critique de la part de ceux qui réfléchissent.] « Le vrai ecclésiastique s'étudie à prouver sa profession par son habit, sa démarche et toute sa conduite : il n'a garde de chercher à se donner un faux éclat par des ornements empruntés » : *Clericus professionem suam, et in habitu, et in incessu probet, et nec vestibus, nec calceamentis decorem quærat* (21).

[Voilà les leçons que les Pères et les conciles ont données aux ecclésiastiques, ou plutôt ils n'ont fait que renouveler celles que Jésus-Christ lui-même leur avait laissées dans ses exemples. Qu'il nous exprime admirablement] la simplicité de sa vie, lorsqu'il nous dit : « Les renards ont des tanières, et les oiseaux du ciel ont des nids et des retraites ; mais le fils de l'homme n'a pas où reposer sa tête » : *Vulpes foveas habent, et volucres cœli nidos ; Filius autem hominis non habet ubi capit reclinet* (22). [Son dessein, en nous tenant ce discours, n'est pas d'exciter en nous] des sentiments de pitié [sur un état, qui paraît à la nature si digne de compassion : mais il veut nous] donner du courage, [et nous inspirer un généreux détachement de tout ce qui peut paraître le plus nécessaire ; parce que la foi d'un ministre de Jésus-Christ ne connaît d'autre nécessité que celle de tout sacrifier pour son Dieu et le salut des âmes.

Telles sont les dispositions avec lesquelles on doit entrer dans le sacerdoce de Jésus-Christ, pour continuer son œuvre] ; et malheur à ceux qui, poussés du désir de s'élever, cherchent, dans l'honneur attaché au sacerdoce, un moyen de se procurer les avantages du monde, qu'il avait pour objet de détruire : *Mundi lucrum quæritur sub ejus honoris specie, quo mundi destrui lucra debuerunt* (23).

[Au reste, je ne prétends pas, mes frères, qu'on refuse aux prêtres l'honneur qui leur est dû par tant de titres. Si, dans l'ancienne loi, l'ordre sacerdotal était si fort distingué, et jouissait des plus grandes prérogatives ; il convient que dans la nouvelle, dont le sacerdoce est autant au dessus de celui d'Aaron, que la vérité l'emporte sur la figure, l'honneur rendu aux prêtres réponde à l'excellence de leur dignité, et à l'éminence du pontife qu'ils représentent sur la terre.] Il faut honorer ses ministres pour l'amour de celui qui a dit : « Qui vous reçoit me reçoit. » (24) [Mais plus les peuples leur témoignent de vénération et de déférence, moins aussi doivent-ils faire paraître d'empressement, pour recevoir ces marques de distinction ; et ils ne sauraient trop craindre de les aimer et de s'en réjouir. Pour éviter cette funeste disposition], la simplicité ecclésiastique suit cette belle règle ecclésiastique : « elle se montre un exemple de patience et d'humilité, en recevant toujours moins qu'on ne lui offre ; mais quoiqu'elle n'accepte jamais le tout, elle a la prudence de ne point tout refuser » : *Seipsum præbeat patientiæ atque humilitatis exemplum, minus sibi assumendo quam offertur ; sed tamen ab eis qui se honorant nec totum nec nihil accipiendo* (25). Il ne faut pas recevoir tout ce qu'on nous offre, de peur qu'il ne paraisse que nous nous repaissons de cette fumée ; il ne faut pas le rejeter tout à fait, à cause de ceux à qui on ne pourrait se rendre utile, si l'on ne jouissait de quelque considération : *Propter illos accipiatur quibus consulere non potest, si nimia dejectione vilescat*.

[Mais après avoir imité le saint dépouillement de Sulpice, à l'égard de toutes les vanités du siècle, il faut encore entrer dans son esprit de] gémissement [sur les âmes qui en sont malheureusement captives]. L'état de l'Eglise, durant cette vie, c'est un état de désolation, parce que c'est un état de viduité : *Non possunt filii sponsi lugere, quamdiu cum illis est sponsus* (26). Elle est séparée de son cher Epoux, et elle ne peut se consoler d'avoir perdu plus de la moitié d'elle-même. Cet état de désolation et de viduité de l'Eglise doit paraître principalement dans l'ordre ecclésiastique. Le sacerdoce est un état de pénitence, pour ceux qui ne font pas pénitence ; les prêtres doivent les pleurer, avec saint Paul, d'un cœur pénétré de la plus vive douleur : *Lugeam multos qui non egerunt pœnitentiam* (27). [Car il ne faut pas s'imaginer qu'il suffise de se conduire d'une manière irréprochable, de donner à tous des exemples de toutes les vertus : le prêtre vraiment digne de ce nom] « non-seulement ne commet aucun crime, mais il déplore encore et travailler à expier ceux des autres, comme s'ils lui étaient personnels » : *Nulla illicita perpetrat, sed perpetrata ab aliis, ut propria deplorat* (28). Aussi les joies dissolues du monde portaient-elles un contre-coup de tristesse sur le cœur de saint Sulpice : car il écoutait ces paroles comme un tonnerre : « Malheur à vous qui riez maintenant, parce que vous serez réduits aux pleurs et aux larmes ! » *Væ vobis qui ridetis nunc, quia lugebitis et flebitis* (29) ! Il s'effrayait pour son peuple, et tâchait, par ses discours, non d'exciter ses acclamations, mais de lui inspirer les sentiments d'une componction salutaire : *Docente te in ecclesia, non clamor populi, sed gemitus suscitetur* (30).

Jésus-Christ, mes frères, en choisissant ses ministres, leur dit encore, comme à saint Pierre : « M'aimes-tu ? pais mon troupeau. » « En effet, il ne confierait pas des brebis si tendrement aimées à celui qui ne l'aimerait pas » : *Neque enim non amanti committeret tam amatas*. Cet amour [était la vraie] source des larmes de saint Sulpice ; [et comme il aimait sans mesure, ses larmes, sur les désordres de son peuple, ne pouvaient jamais tarir]. Jésus-Christ, gémissant pour nous [dans les jours de sa vie mortelle, présentait à ce saint évêque un modèle, qui pressait son cœur de soupirer sans cesse pour ses frères. Il savait que de divin Sauveur, incapable de gémir depuis qu'il est entré dans sa gloire, a spécialement établi les prêtres, pour le suppléer dans cette fonction : aussi travaillait-il à perpétuer, par le mouvement du même Esprit, les gémissements ineffables du Pontife céleste]. Ses prières [étaient continuelles, animées de cet esprit de ferveur et de persévérance, qui force la résistance même du ciel]. « Il avait éprouvé, par sa propre expérience, qu'il pouvait obtenir du Seigneur tout ce qu'il lui demanderait » : *Orationis usu et experimento jam didicit quod obtinere a Domino quæ poposcerit possit* (31). Il l'avait expérimenté, priant en faveur du roi, réduit à l'extrémité ; puisqu'il l'avait emporté contre Dieu : [et s'il avait tant de crédit pour la conservation et le rétablissement de la vie corporelle], combien plus en devait-il avoir pour le soutien et le renouvellement de la vie spirituelle.

Mais quel était son gémissement sur les ecclésiastiques mondains, [qui, par l'indécence de leur conduite, avilissent le saint ministère dont ils sont revêtus ! Hélas ! mes frères, si le cœur sacerdotal de saint Sulpice était si vivement touché d'en voir dans ces heureux temps, qui ne cherchaient, dans l'honneur du sacerdoce, destiné à la ruine du monde, qu'un moyen de s'y avancer et d'y faire fortune ; quels seraient ses larmes et ses sanglots aujourd'hui, où l'on en voit si peu qui entrent dans le ministère, avec un désir sincère de s'y consacrer entièrement au service de l'Eglise, et de se sacrifier pour Jésus-Christ] ? Oui, nous devons le dire avec douleur et confusion, « ceux qui semblent porter la croix, la portent de manière qu'ils ont plus de part à sa gloire, que de société avec ses souffrances » : *Hi qui putantur crucem portare, sic portant, ut plus habeant in crucis nomine dignitatis quam in passione supplicii* (32). [Ils ignorent sans doute pourquoi ils sont prêtres ; ils ne veulent pas entendre qu'ils n'ont été admis au sacerdoce de Jésus-Christ que pour consommer l'œuvre de son immolation. Mais que feront-ils, lorsque ce grand pontife, prêtre et victime, paraîtra, et cherchera, pour les associer à sa gloire, des ministres, qui, à l'innocence et à la pureté des mœurs, aient joint une mortification générale, une entière séparation de toutes les vanités et de tous les plaisirs du monde ?] S'ils avaient de la foi, pourraient-ils y songer sans sécher d'effroi ?

Saint Sulpice, touché de cette pensée, se retire, pour régler ses comptes avec la justice divine. Il connaît la charge d'un évêque ; il sait « que tous doivent comparaître devant le tribunal de Jésus-Christ, afin que chacun reçoive ce qui est dû aux bonnes ou mauvaises actions qu'il aura faite, pendant qu'il était revêtu de son corps » : *Ut referat unusquisque propria corporis prout gessit* (33). « Si le compte est si exact de ce qu'on fait en son propre corps, ô combien est-il redoutable de ce qu'on fait dans le corps de Jésus-Christ, qui est son Eglise ! » *Si reddenda est ratio de his quæ quisque gessit in corpore suo, quid fiet de his quæ quisque gessit in corpore Christi* (34) ! Il ne se repose pas sur sa vocation si sainte, si canonique ; il sait que Judas a été élu par Jésus-Christ même, et que cependant, par son avarice, il a perdu la grâce de l'apostolat.

Justice de Dieu, que vous êtes exacte ! vous comptez tous les pas, vous mettez en la balance tous les grains de sable. Il se retire donc, pour se préparer à la mort, pour méditer la sévérité de la justice de Dieu. Il récompense un verre d'eau ; mais il pèse une parole oiseuse, particulièrement dans les prêtres, où tout, jusqu'aux moindres actions, doit être une source de grâces. Tout ce que nous donnons au monde, ce sont des larcins que nous faisons aux âmes fidèles.

A quoi pensons-nous, chrétiens ? que ne nous retirons-nous, pour nous préparer à ce dernier jour ? N'avons-nous pas appris de l'Apôtre que nous sommes tous ajournés, pour comparaître personnellement devant le tribunal de Jésus-Christ ? Quelle sera cette surprise, combien étrange et combien terrible, lorsque ces saintes vérités, auxquelles les pécheurs ne pensaient jamais, ou qu'ils laissaient inutiles et négligées dans un coin de leur mémoire, leur paraîtront tout d'un coup, pour les condamner ? Aigre, inexorable, inflexible, armée de reproches amers, te trouverons-nous toujours, ô vérité persécutante ? Oui, mes frères, ils la trouveront ; spectacle horrible à leurs yeux, poids intolérable sur leurs consciences, flammes dévorantes dans leurs entrailles. [Pour qu'elle nous soit alors favorable, il faut] se retirer quelque temps ; afin d'écouter ses conseils, avant que d'être convaincus par son témoignage, jugés par ses règles, condamnés par ses arrêts et par ses sentences suprêmes. Accoutumons-nous aux yeux et à la présence de notre juge ; [prévenons cette] solitude effroyable où l'âme se trouvera réduite devant Jésus-Christ, [lorsqu'elle sera citée à son tribunal] pour lui rendre compte. Le remède le plus efficace, c'est une douce solitude devant lui-même, pour lui préparer ses comptes. Attendre à la mort, combien dangereux ! c'est le coup du souverain : Dieu presse trop violemment.

Mais cette solitude est ennuyeuse, [et qui peut se résoudre à s'y enfoncer ?] « O que le père du mensonge, ce malicieux imposteur, nous trompe subtilement, pour empêcher que nos cœurs, avides de joie, ne fassent le discernement des véritables sujets de se réjouir ! » *Heu quam subtiliter nos ille decipiendi artifex fallit, ut non discernamus, gaudendi avidi, unde verius gaudeamus* (35) ! [C'est dans la solitude que l'âme, dégagée des objets sensibles qui la tyrannisent, délivrée du tumulte des affaires qui l'accablent, peut commencer à goûter, dans un doux repos, les joies solides, et des plaisirs capables de la contenter. Là, occupée à se purifier des souillures qu'elle a pu contracter dans le commerce du monde ; plus elle devient pure et détachée, plus elle est en état de puiser à la source de ces voluptés célestes, qui l'élèvent, la transportent et l'ennoblissent, en l'attachant à l'auteur de tout bien.] Tous les autres divertissements [ne sont rien qu'un] charme de notre chagrin, qu'un amusement d'un cœur enivré. Vous sentez-vous dans ce tumulte, dans ce bruit, dans cette dissipation, dans cette sortie de vous-même ? avec quelle joie, dit David, « votre serviteur a trouvé son cœur, pour vous adresser sa prière ! » *Invenit servus tuus cor suum, ut oraret te oratione hac* (36).

Mais l'on craint de passer pour un homme inutile et de rendre sa vie méprisable : *Sed ignavam infamabis*. Il faut faire quelque figure dans le monde ; [y devenir important, nécessaire ; servir l'Etat et la patrie : *Patriæ et imperio, reique vivendum est* (37). Ainsi le temps s'écoule sans s'en apercevoir. Sous ces spécieux prétextes, on contracte chaque jour de nouveaux engagements avec le monde, loin de rompre les anciens. L'unique nécessaire est le seul négligé : tous les bons mouvements, qui nous portaient à nous en occuper, se dissipent ; et enfin, après avoir été le jouet du temps, du monde et de soi-même, on est surpris de se voir arrivé, sans préparation, aux portes de l'éternité.]

Madame, Votre Majesté doit penser sérieusement à ce dernier jour. Nous n'osons y jeter les yeux ; cette pensée nous effraye, et fait horreur à tous vos sujets, qui vous regardent comme leur mère, aussi bien que comme celle de notre monarque. Mais, madame, autant qu'elle nous fait horreur, autant Votre Majesté se la doit rendre ordinaire et familière. Puisse Votre Majesté être tellement occupée de Dieu, avoir le cœur tellement percé de la crainte de ses jugements, l'âme si vivement pénétrée de l'exactitude et des rigueurs de sa justice, qu'elle se mette en état de rendre bon compte d'une si grande puissance, et de tout le bien qu'elle peut faire, et encore de tout le mal qu'elle peut, ou empêcher par autorité, ou modérer par conseils, ou détourner par prudence : c'est ce que Dieu demande de vous. Ah ! si les vœux que je lui fais pour votre salut sont reçus devant sa face, cette salutaire pensée jettera Votre Majesté dans une humiliation si profonde, que méprisant autant sa grandeur royale, que nous sommes obligés de la révérer, elle fera sa plus chère occupation du soin de mériter dans le ciel une couronne immortelle.

## NOTES

(1) *Joan*, XVI, 33.
(2) *I Cor.*, VII, 31.
(3) *De Civ. Dei*, lib. XIV, cap. IV, I, VII, col. 353.
(4) *Apoc.*, XVII, I.
(5) *Ps.* CXXXVI, I.
(6) *Ibid.*, CXXIV, I.
(7) *De catech. rud.*, cap. XIX, n°31, t. VI, col. 283.
(8) *Genes*, VI, 2.
(9) *Ephes*, V, II.
(10) *Tertul. adv. Marc.*, lib. IV, n° 40.
(11) *Joan.*, XVII, 16.
(12) *Id.*, XVII, 9.
(13) *S. Greg. M. Past.*, part. I, cap. IX, t. II, col. 9.
(14) *Senec.*, *Epist.* IV.
(15) *Dionys. de Eccles. Hierac.*,, cap. V, p. 127 et sqq.
(16) *Innocent. I^us ad Alex. Ep.* XXIV, pag. 853. *Epist. Rom. Pont.*
(17) *I Timoth.* VI, 8.
(18) *S. Ambr. Serm. cont. Aux.*, n° 33, t. II, col. 873.
(19) *S. Ambr. ad Iren. Epist.* XXVIII, n° 2, t. II, col. 902.
(20) *Conc. Carthag.*, IV, cap. XV. *Lab. Concil.*, t. II, col. 1201.
(21) *Ibid.*, cap. XLV, 1204.
(22) *Matth.*, VIII, 20.
(23) *S. Gregor. Mag. Past.*, I part., cap. VIII, t. II, col. 9.
(24) *Matth.*, X, 40.
(25) *S. August. ad. Aurel. Epist.*, XXII, n° 7, t. II, col. 29.
(26) *Matth.*, IX, 15.
(27) II *Cor.*, XII, 21.
(284) *S. Greg. Mag. Past.*, part. I, cap. X, t. II, col. 10.
(291) *Luc.*, VI, 25.
(30) *S. Hieron. ad Nepot. Ep.* XXXIV, t. IV, col. 262.
(31) *S. Greg. Mag. Past.*, part. I, cap. X, t. II, col. 10.
(32) *Salvian. de Gub. Dei*, lib. III, n° 3, p. 48.
(33) *I Cor.*, V, 10.
(34) *Serm. ad Cler. in conc. Rem. in Ap. op. S. Bern.*, t. II, col. 755.
(35) *Julian. Pom. de vita contemp.*, lib. II, cap. XIII, *int. oper. S. Prosp.*
(36) II *Reg.*, VII, 27.
(37) *Tertull. de Pallio*, n° 5.

## J.-B. BOSSUET
## DISCOURS SUR L'HISTOIRE UNIVERSELLE
### A Monseigneur le Dauphin

*Suite de la seconde partie*
*La suite de la religion*

## CHAPITRE IV

### DAVID, SALOMON, LES ROIS, ET LES PROPHÈTES

Ici le peuple de Dieu prend une forme plus auguste. La royauté est affermie dans la maison de David. Cette maison commence par deux rois de caractère différent, mais admirables tous deux. David, belliqueux et conquérant, subjugue les ennemis du peuple de Dieu, dont il fait craindre les armes par tout l'Orient ; et Salomon, renommé par sa sagesse au dedans et au dehors, rend ce peuple heureux par une paix profonde. Mais la suite de la religion nous demande ici quelques remarques particulières sur la vie de ces deux grands rois.

David régna d'abord sur Juda, puissant et victorieux, et ensuite il fut reconnu par tout Israël. Il prit sur les Jébuséens la forteresse de Sion, qui étoit la citadelle de Jérusalem. Maître de cette ville, il y établit, par ordre de Dieu, le siège de la royauté et celui de la religion. Sion fut sa demeure : il bâtit autour, et la nomma la cité de David (1). Joab, fils de sa sœur (2), bâtit le reste de la ville ; et Jérusalem prit une nouvelle forme. Ceux de Juda occupèrent tout le pays ; et Benjamin, petit en nombre, y demeura mêlé avec eux.

L'Arche d'Alliance, bâtie par Moïse, où Dieu reposoit sur les Chérubins, et où les deux tables du Décalogue étoient gardées, n'avoit point de place fixe. David la mena en triomphe dans Sion (3), qu'il avoit conquise par le tout-puissant secours de Dieu, afin que Dieu régnât dans Sion, et qu'il y fût reconnu comme le protecteur de David, de Jérusalem, et de tout le royaume. Mais le Tabernacle, où le peuple avoit servi Dieu dans le desert, étoit encore à Gabaon (4) ; et c'étoit là que s'offroient les sacrifices, sur l'autel que Moïse avoit élevé. Ce n'étoit qu'en attendant qu'il y eût un temple où l'autel fût réuni avec l'Arche, et où se fît tout le service. Quand David eut défait tous ses ennemis, et qu'il eut poussé les conquêtes du peuple de Dieu jusqu'à l'Euphrate (5) ; paisible, et victorieux, il tourna toutes ses pensées à l'établissement du culte divin (6), et sur la même montagne où Abraham, prêt à immoler son fils unique, fut retenu par la main d'un ange (7), il désigna, par ordre de Dieu, le lieu du temple.

Il en fit tous les dessins ; il en amassa les riches et précieux matériaux ; il y destina les dépouilles des peuples et des rois vaincus. Mais ce temple, qui devoit être disposé par le conquérant, devoit être construit par le pacifique. Salomon le bâtit sur le modèle du Tabernacle. L'autel des holocaustes, l'autel des parfums, le chandelier d'or, les tables des pains de proposition, tout le reste des meubles sacrés du temple, fut pris sur des pièces semblables que Moïse avoit fait faire dans le désert (8). Salomon n'y ajouta que la magnificence et la grandeur. L'Arche que l'homme de Dieu avoit construite fut posée dans le Saint des Saints, lieu inaccessible, symbole de l'impénétrable majesté de Dieu, et du ciel interdit aux hommes jusqu'à ce que Jésus-Christ leur en eût ouvert l'entrée par son sang. Au jour de la dédicace du temple, Dieu y parut dans sa majesté. Il choisit ce lieu pour y établir son nom et son culte. Il y eut défense de sacrifier ailleurs. L'unité de Dieu fut démontrée par l'unité de son temple. Jérusalem devint une cité sainte, image de l'Eglise, où Dieu devoit habiter comme dans son véritable temple, et du ciel, où il nous rendra éternellement heureux par la manifestation de sa gloire.

Après que Salomon eut bati le temple, il bâtit encore le palais des rois (9), dont l'architecture étoit digne d'un si grand prince. Sa maison de plaisance, qu'on appela le Bois du Liban, étoit également superbe et délicieuse. Le palais qu'il éleva pour la reine fut une nouvelle décoration à Jérusalem. Tout étoit grand dans ces édifices, les salles, les vestibules, les galeries, les promenoirs, le trône du roi, et le tribunal où il rendoit la justice : le cèdre fut le seul bois qu'il employa dans ces ouvrages. Tout y reluisoit d'or et de pierreries. Les citoyens et les étrangers admiroient la majesté des rois d'Israël. Le reste répondoit à cette magnificence, les villes, les arsenaux, les chevaux, les chariots, la garde du prince (10). Le commerce, la navigation, et le bon ordre, avec une paix profonde, avoient rendu Jérusalem la plus riche ville de l'Orient. Le royaume étoit tranquille et abondant : tout y représentoit la gloire céleste. Dans les combats de David, on voyoit les travaux par lesquels il la falloit mériter ; et on voyoit dans le règne de Salomon combien la jouissance en étoit paisible.

Au reste, l'élévation de ces deux grands rois, et de la famille royale, fut l'effet d'une élection particulière. David célèbre lui-même la merveille de cette élection par ces paroles (11) : « Dieu a choisi les princes dans la tribu de Juda. Dans la maison de Juda, il a choisi la maison de mon père. Parmi les enfants de mon père, il lui a plu de m'élire roi sur tout son peuple d'Israël ; et parmi mes enfants (car le Seigneur m'en a donné plusieurs), il a choisi Salomon, pour être assis sur le trône du Seigneur et régner sur Israël. »

Cette élection divine avoit un objet plus haut que celui qui paroît d'abord. Ce Messie, tant de fois promis comme le fils d'Abraham, devoit aussi être le fils de David et de tous les rois de Juda. Ce fut en vue du Messie et de son règne éternel que Dieu promit à David que son trône subsisteroit éternellement. Salomon, choisi pour lui succéder, étoit destiné à représenter la personne du Messie. C'est pourquoi Dieu dit de lui : « Je serai son père et il sera mon fils (12) ; » chose qu'il n'a jamais dite, avec cette force, d'aucun roi ni d'aucun homme.

Aussi, du temps de David, et sous les rois ses enfants, le mystère du Messie se déclare-t-il plus que jamais par des prophéties magnifiques, et plus claires que le soleil.

David l'a vu de loin, et l'a chanté dans ses Psaumes avec une magnificence que rien n'égalera jamais. Souvent il ne pensoit qu'à célébrer la gloire de Salomon son fils ; et tout d'un coup, ravi, hors de lui-même, et transporté bien loin au delà, il a vu celui *qui est plus que Salomon en gloire* aussi bien qu'*en sagesse* (13). Le Messie lui a paru assis sur un trône plus durable que le soleil et que la lune. Il a vu à ses pieds *toute les nations* vaincues, et ensemble *bénites en lui* (14), conformément à la promesse faite à Abraham. Il a élevé sa vue plus haut encore : il l'a vu *dans les lumières des saints, et devant l'aurore, sortant éternellement du sein* de son père, *pontife éternel* et sans successeur, ne succédant aussi à personne, créé extraordinairement, non selon l'ordre d'Aaron, mais *selon l'ordre de Melchisédech*, ordre nouveau, que la loi ne connoissoit pas. Il l'a vu *assis à la droite de Dieu*, regardant du plus haut des cieux *ses ennemis abattus*. Il est étonné d'un si grand spectacle ; et, ravi de la gloire de son fils, il l'appelle *son Seigneur* (15).

Il l'a vu *Dieu, que Dieu avoit oint* pour le faire régner sur toute la terre *par sa douceur, par sa vérité, et par sa justice* (16). Il a assisté en esprit au conseil de Dieu, et a ouï de la propre bouche du Père éternel cette parole qu'il adresse à son Fils unique : *Je t'ai engendré aujourd'hui* ; à laquelle Dieu joint la promesse d'un empire perpétuel, « qui s'étendra sur tous les Gentils, et n'aura point d'autres bornes que celles du monde (17). Les peuples frémissent en vain : les rois et les princes font des complots inutiles. Le Seigneur se rit du haut des cieux (18) » de leurs projets insensés, et établit malgré eux l'empire de son Christ. Il l'établit sur eux-mêmes, et il faut qu'ils soient les premiers sujets de ce Christ dont ils vouloient secouer le joug (19). Et encore que le règne de ce grand Messie soit souvent prédit dans les Ecritures sous des idées magnifiques, Dieu n'a point caché à David les ignominies de ce béni fruit de ses entrailles. Cette instruction étoit nécessaire au peuple de Dieu. Si ce peuple encore infirme avoit besoin d'être attiré par des promesses temporelles, il ne falloit pourtant pas lui laisser regarder les grandeurs humaines comme sa souveraine félicité, et comme son unique récompense : c'est pourquoi Dieu montre de loin ce Messie tant promis et tant désiré, le modèle de la perfection, et l'objet de ses complaisances, abymé dans la douleur. La croix paroît à David comme le trône véritable de ce nouveau roi. Il voit *ses mains et ses pieds percés, tous ses os marqués sur sa peau* (20) par tout le poids de son corps violemment suspendu, *ses habits partagés, sa robe jetée au sort, sa langue abreuvée de fiel et de vinaigre, ses ennemis frémissant autor de lui, et s'assouvissant de son sang* (21). Mais il voit en même temps les glorieuses suites de ses humiliations : *tous les peuples de la terre se ressouvenir de leur Dieu* oublié depuis tant de siècles ; *les pauvres venir* les premiers *à la table* du Messie, et ensuite *les riches et les puissants ; tous l'adorer et le bénir* ; lui présidant *dans la grande* et nombreuse *Eglise* ; c'est-à-dire dans l'assemblée des nations converties, et *y annonçant à ses frères le nom de Dieu* (22) et ses vérités éternelles. David, qui a vu ces choses, a reconnu, en les voyant, que le royaume de son fils n'étoit pas de ce monde. Il ne s'en étonne pas, car il sait que le monde passe ; et un prince toujours si humble sur le trône voyoit bien qu'un trône n'étoit pas un bien où se dussent terminer ses espérances.

Les autres prophètes n'ont pas moins vu le mystère du Messie. Il n'y a rien de grand ni de glorieux qu'ils n'aient dit de son règne. L'un voit *Bethléem, la plus petite ville de Juda,* illustrée par sa naissance ; et en même temps élevé plus haut, il voit une autre naissance par laquelle *il sort de toute éternité du sein de son Père* (23) : l'autre voit la virginité de sa mère ; *un Emmanuel, un Dieu avec nous* (24) sortir de ce sein virginal, et un enfant *admirable* qu'il appelle *Dieu* (25). Celui-ci le voit entrer *dans son temple* (26) : cet autre le voit *glorieux dans son tombeau* où la mort a été vaincue (27). En publiant ses magnificences, ils ne taisent pas ses opprobres. Ils l'ont vu *vendu* (28) ; ils ont su le nombre et l'emploi des *trente pièces d'argent dont il a été acheté* (29). En même temps qu'ils l'ont vu *grand et élevé* (30), ils l'ont vu *méprisé et méconnoissable au milieu des hommes ; l'étonnement du monde,* autant par sa bassesse que par sa grandeur ; *le dernier des hommes ; l'homme de douleurs chargé de tous nos péchés ; bienfaisant, et méconnu ; défiguré par ses plaies, et par là guérissant les nôtres ; traité comme un criminel ; mené au supplice avec des méchants, et se livrant, comme un agneau* innocent, paisiblement *à la mort ; une longue postérité naître de lui* (31) par ce moyen, et la vengeance déployée sur son peuple incrédule. Afin que rien ne manquât à la prophétie, ils ont compté les années jusqu'à sa venue (32) ; et, à moins que de s'aveugler, il n'y a plus moyen de le méconnoître.

Non-seulement les prophètes voyoient Jésus-Christ, mais encore ils en étoient la figure, et représentoient ses mystères, principalement celui de la croix. Presque tous ils ont souffert persécution pour la justice, et nous ont figuré dans leurs souffrances l'innocence et la vérité persécutées, en Notre-Seigneur. On voit Elie et Elisée toujours menacés. Combien de fois Isaïe a-t-il été la risée du peuple et des rois, qui, à la fin, comme porte la tradition constante des Juifs, l'ont immolé à leur fureur ? Zacharie, fils de

Joïada, est lapidé, Ezéchiel paroît toujours dans l'affliction, les maux de Jérémie sont continuels et inexplicables. Daniel se voit deux fois au milieu des lions. Tous ont été contredits et maltraités ; et tous nous ont fait voir, par leur exemple, que si l'infirmité de l'ancien peuple demandoit en général d'être soutenue par des bénédictions temporelles, néanmoins les forts d'Israël, et les hommes d'une sainteté extraordinaire, étoient nourris dès lors du pain d'affliction, et buvoient par avance, pour se sanctifier, dans le calice préparé au Fils de Dieu ; calice d'autant plus rempli d'amertume, que la personne de Jésus-Christ étoit plus sainte.

Mais ce que les prophètes ont vu le plus clairement, et ce qu'ils ont aussi déclaré dans les termes les plus magnifiques, c'est la bénédiction répandue sur les Gentils par le Messie. *Ce rejeton de Jessé* et de David a paru au saint prophète Isaïe, *comme un signe* donné de Dieu *aux peuples et aux Gentils, afin qu'ils l'invoquent* (33). L'homme de douleur, dont les plaies *devoient faire notre guérison*, étoit choisi *pour laver les Gentils par une sainte aspersion*, qu'on reconnoît dans son sang et dans le baptême. *Les rois*, saisis de respect en sa présence, *n'osent ouvrir la bouche devant lui. Ceux qui n'ont jamais ouï parler de lui, le voient ; et ceux à qui il étoit inconnu sont appelés pour le contempler* (34). C'est *le témoin donné aux peuples* ; c'est *le chef et le précepteur des Gentils*. Sous lui, *un peuple inconnu se joindra au peuple de Dieu, et les Gentils y accourront de tous côtés* (35). C'est *le juste de Sion, qui s'élèvera comme une lumière* ; c'est *son sauveur, qui sera allumé comme un flambeau. Les Gentils verront ce juste, et tous les rois connoîtront cet homme tant célébré dans les prophéties de Sion* (36).

Le voici mieux décrit encore, et avec un caractère particulier. Un homme, d'une douceur admirable, singulièrement *choisi de Dieu, et l'objet de ses complaisances, déclare aux Gentils leur jugement : les îles attendent sa loi*. C'est ainsi que les Hébreux appellent l'Europe et les pays éloignés. *Il ne fera aucun bruit* : à peine l'entendra-t-on, tant il sera doux et paisible. *Il ne foulera pas aux pieds un roseau brisé, ni n'éteindra un reste fumant de toile brûlée*. Loin d'accabler les infirmes et les pécheurs, sa voix charitable les appellera, et sa main bienfaisante sera leur soutien. *Il ouvrira les yeux aux aveugles, et tirera les captifs de leur prison* (37). Sa puissance ne sera pas moindre que sa bonté. Son caractère essentiel est de joindre ensemble la douceur avec l'efficace : c'est pourquoi cette voix si douce passera en ce moment d'une extrémité du monde à l'autre, et sans causer aucune sédition parmi les hommes, elle excitera toute la terre. *Il n'est ni rebutant ni impétueux* ; et celui que l'on connoissoit à peine quand il étoit dans la Judée, ne sera pas seulement le fondement *de l'alliance du peuple*, mais encore *la lumière de tous les Gentils* (38). Sous son règne admirable, *les Assyriens et les Egyptiens ne seront plus avec les Israélites qu'un même peuple de Dieu* (39). Tout devient Israël, tout devient saint. Jérusalem n'est plus une ville particulière ; c'est l'image d'une nouvelle société, où tous les peuples se rassemblent : l'Europe, l'Afrique et l'Asie, reçoivent des prédicateurs dans lesquels *Dieu a mis son signe, afin qu'ils découvrent sa gloire aux Gentils*. Les élus, jusques alors appelés du nom d'Israël, *auront un autre nom* où sera marqué l'accomplissement des promesses, et un *amen* bienheureux. *Les prêtres et les lévites*, qui jusqu'alors sortoient d'Aaron, *sortiront dorénavant du milieu de la gentilité* (40). Un nouveau sacrifice, plus pur et plus agréable que les anciens, sera substitué à leur place (41), et on saura pourquoi David avoit célébré un pontife d'un nouvel ordre (42). *Le juste descendra du ciel comme une rosée, la terre produira son germe ; et ce sera le Sauveur avec lequel on verra naître la justice* (43). Le ciel et la terre s'uniront pour produire, comme par un commun enfantement, celui qui sera tout ensemble céleste et terrestre : de nouvelles idées de vertu paroîtront au monde dans ses exemples et dans sa doctrine ; et la grâce qu'il répandra les imprimera dans les cœurs. Tout change par sa venue, et Dieu *jure par lui-même que tout genou fléchira devant lui, et que toute langue reconnoîtra sa souveraine puissance* (44).

Voilà une partie des merveilles que Dieu a montrées aux prophètes sous les rois enfants de David, et à David avant tous les autres. Tous ont écrit par avance l'histoire du Fils de Dieu, qui devoit aussi être fait le fils d'Abraham et de David. C'est ainsi que tout est suivi dans l'ordre des conseils divins. Ce Messie, montré de loin comme le fils d'Abraham, est encore montré de plus près comme le fils de David. Un empire éternel lui est promis : la connoissance de Dieu répandue par tout l'univers est marquée comme le signe certain et comme le fruit de sa venue : la conversion des Gentils, et la bénédiction de tous les peuples du monde, promise depuis si longtemps à Abraham, à Isaac et à Jacob, est de nouveau confirmée, et tout le peuple de Dieu vit dans cette attente.

## NOTES

(1) II Reg. v, 6, 7, 8, 9. I Par. xi, 6, 7, 8.
(2) I Par. ii, 16.
(3) II Reg. vi, 18.
(4) I Par. xvi, 39 ; xxi, 29.
(5) II Reg. viii. I Par. xviii.
(6) II Reg. xxiv, 25. I Par. xxi, xxii et seq.
(7) Joseph, *Ant.* lib. vii, c. 10, al. 13.
(8) III Reg. vi, vii, viii. II Par. iii, iv, v, vi, vii.
(9) III Reg. vii, x.
(10) III Reg. x. II Par. viii, ix.
(11) I Par. xxviii, 4, 5.
(12) II Reg. vii, 14. I Par. xxii, 10.
(13) Matth. vi, 29 ; xii, 42.
(14) Psal. lxxi, 5, 11, 17.
(15) Psal. cix.
(16) *Ibid.* xliv, 3, 4, 5, 6, 7, 8.

(17) *Ibid.* II, 7, 8.
(18) *Ibid.* I, 2, 4, 9.
(19) Psal. 10, etc.
(20) *Ibid.* XXI, 17, 18, 19.
(21) *Ibid.* LXVIII, 22 ; Ps. XXI, 8, 13, 14, 17, 21, 22.
(22) Ps. XXI, 26, 27 et seq.
(23) Mich. V, 2.
(24) Is. VII, 14.
(25) *Ibid.* IX, 6.
(26) Mal. III, I.
(27) Is. XI, 10 ; LIII, 9.
(28) *Edition de 1681 :* « Ils l'ont vendu *à son peuple* ; ils ont su, etc. »
(29) Zach. XI, 12, 13.
(30) Is. LII, 13.
(31) *Ibid.* LIII.
(32) Dan. IX.
(33) Is. XI, 10.
(34) *Ibid.* LII, 13, 14, 15 ; LIII.
(35) *Ibid.* LV, 4, 5.
(36) *Ibid.* LXII 1, 2.
(37) Is. XLII, 1, 2, 3, 4, 5, 6.
(38) *Ibid.* XLIX, 6.
(39) *Ibid.* XIX, 24, 25.
(40) Is. LX, 1, 2, 3, 4, 11 ; LXI, 1, 2, 3, 11 ; LXII, 1, 2, 11 ; XV, 1, 2, 15, 16 ; LXVI, 19, 20, 21.
(41) Malach. I, 10, 11.
(42) Ps. CIX, 4.
(43) Is. XLV, 8, 23.
(44) *Ibid.* XLV, 24.

# CHAPITRE XXIX

MOYEN FACILE DE REMONTER A LA SOURCE DE LA RELIGION, ET D'EN TROUVER LA VÉRITÉ DANS SON PRINCIPE

Les Juifs avoient comme nous, et ont encore en partie, leurs lois, leurs observances, leurs sacrements, leurs écritures, leur gouvernement, leurs pontife, leur sacerdoce, le service de leur temple. Le sacerdoce étoit établi dans la famille d'Aaron, frère de Moïse. D'Aaron et de ses enfants venoit la distinction des familles sacerdotales ; chacun reconnoissoit sa tige, et tout venoit de la source d'Aaron, sans qu'on pût remonter plus haut. La Pâque ni les autres fêtes ne pouvoient venir de moins loin. Dans la Pâque, tout rappeloit à la nuit où le peuple avoit été affranchi de la servitude d'Egypte, et où tout se préparoit à sa sortie. La Pentecôte ramenoit aussi jour pour jour le temps où la loi avoit été donnée, c'est-à-dire la cinquantième journée après la sortie d'Egypte. Un même nombre de jours séparoit encore ces deux solennités. Les tabernacles, ou les tentes de feuillages verts, où de temps immémorial le peuple demeuroit tous les ans sept jours et sept nuits entières, étoient l'image du long campement dans le désert durant quarante ans ; et il n'y avoit, parmi les Juifs, ni fête, ni sacrement, ni cérémonie qui n'eût été instituée ou confirmée par Moïse, et qui ne portât encore, pour ainsi dire, le nom et le caractère de ce grand législateur.

Ces religieuses observances n'étoient pas toutes de même antiquité. La circoncision, la défense de manger du sang, le sabbat même, étoient plus anciens que Moïse et que la loi, comme il paroît par l'Exode (1) ; mais le peuple savoit toutes ces dates, et Moïse les avoit marquées. La circoncision menoit à Abraham, à l'origine de la nation, à la promesse de l'alliance (2). La défense de manger du sang menoit à Noé et au déluge (3) ; et les révolutions du sabbat, à la création de l'univers et au septième jour béni de Dieu, où il acheva ce grand ouvrage (4). Ainsi tous les grands événements, qui pouvoient servir à l'instruction des fidèles, avoient leur mémorial parmi les Juifs ; et ces anciennes observances, mêlées avec celles que Moïse avoit établies, réunissoient dans le peuple de Dieu toute la religion des siècles passés.

Une partie de ces observances ne paroissent plus à présent dans le peuple juif. Le temple n'est plus, et avec lui devoient cesser les sacrifices, et même le sacerdoce de la loi. On ne connoît plus parmi les Juifs d'enfants d'Aaron, et toutes les familles sont confondues. Mais puisque tout cela étoit encore en son entier lorsque Jésus-Christ est venu, et que constamment il rapportoit tout à Moïse, il n'en faudroit pas davantage pour demeurer convaincu qu'une chose si établie venoit de bien loin, et de l'origine même de la nation.

Qu'ainsi ne soit ; remontons plus haut, et parcourons toutes les dates où l'on nous pourroit arrêter. D'abord on ne peut aller moins loin qu'Esdras. Jésus-Christ a paru dans le second temple, et c'est constamment du temple d'Esdras qu'il a été rebâti. Jésus-Christ n'a cité de livres que ceux que les Juifs avoient mis dans leur Canon, mais, suivant la tradition constante de la nation, ce Canon a été clos et comme scellé du temps d'Esdras, sans que jamais les Juifs aient rien ajouté depuis ; et c'est ce que personne ne révoque en doute. C'est donc ici une double date, une époque, si vous voulez l'appelez ainsi, bien considérable pour leur histoire, et en particulier pour celle de leur Ecriture. Mais il nous a paru plus clair que le jour qu'il n'étoit pas possible de s'arrêter là, puisque là même tout est rapporté à une autre source. Moïse est nommé partout comme celui dont les livres, révérés par tout le peuple, par tous les prophètes, par ceux qui vivoient alors, par ceux qui les avoient précédés, faisoient l'unique fondement de la religion judaïque. Ne regardons pas encore ces prophètes comme des hommes inspirés : qu'ils soient seulement, si l'on veut, des hommes qui avoient paru en divers temps et sous divers rois, et que l'on ait écoutés comme les interprètes de la religion ; leur seule succession, jointe à celle de ces rois dont l'histoire est liée avec la leur, nous mène manifestement à la source de Moïse. Malachie, Aggée, Zacharie, Esdras, qui regardent la loi de Moïse comme établie de tout temps, touchent les temps de Daniel, où il paroît clairement qu'elle n'étoit pas moins reconnue. Daniel touche à Jérémie et à Ezéchiel, où l'on ne voit autre chose que Moïse, l'alliance faite sous lui, les commandements qu'il a laissés, les menaces et les punitions pour les avoir transgressés (5) : tous parlent de cette loi comme l'ayant goûtée dès leur enfance ; et non-seulement ils l'allèguent comme reçue, mais encore ils ne font aucune action, ils ne disent pas un mot qui n'ait avec elle de secrets rapports.

Jérémie nous mène au temple du roi Josias, sous lequel il a commencé à prophétiser. La loi de Moïse étoit donc alors aussi connue et aussi célèbre que les écrits de ce prophète, que tout le peuple lisoit de ses yeux, et que ses prédications, que chacun écoutoit de ses oreilles. En effet, en quoi est-ce que la piété de ce prince est recommandable dans l'histoire sainte, si ce n'est pour avoir détruit dès son enfance tous les temples et tous les autels que cette loi défendoit, pour avoir célébré avec un soin particulier les fêtes qu'elle commandoit, par exemple, celle de Pâque avec toutes les observances qu'on trouve encore écrites de mot à mot dans la loi (6) ; enfin pour avoir tremblé avec tout son peuple à la vue des transgressions qu'eux et leurs pères avoient commises contre cette loi, et contre Dieu qui en étoit l'auteur (7) Mais il n'en faut pas demeurer là. Ezéchias, son aïeul, avoit célébré une Pâque aussi solennelle, et avec les mêmes cérémonies, et avec la même attention à suivre la loi de Moïse. Isaïe ne cessoit de la prêcher avec les autres prophètes, non-seulement sous le règne d'Ezéchias, mais encore durant un long temps sous les règnes de ses prédécesseurs. Ce fut en vertu de cette loi, qu'Ozias, le bisaïeul d'Ezéchias, étant devenu lépreux, fut non-seulement chassé du temple, mais encore séparé du peuple avec toutes les précautions que cette loi avoit prescrites (8). Un exemple si mémorable en la personne d'un roi, et d'un si grand roi, marque la loi trop présente et trop connue de tout le peuple pour ne venir pas de plus haut. Il n'est pas moins aisé de remonter par Amasias, par Josaphat, par Asa, par Abia, par Roboam, à Salomon père du dernier, qui recommande si hautement la loi de ses pères par ces paroles des Proverbes (9) : « Garde, mon fils, les préceptes de ton père ; n'oublie pas la loi de ta mère. Attache les commandements de cette loi à ton cœur ; fais-en un collier autour de ton cou : quand tu marcheras qu'ils te suivent ; qu'ils te gardent dans ton sommeil, et incontinent après ton réveil entretiens-toi avec eux, parce que le commandement est un flambeau, et la loi une lumière, et la voie de la vie une correction et une instruction salutaire. » En quoi il ne fait que répéter ce que son père David avoit chanté (10) : « La loi du Seigneur est sans tache ; elle convertit les âmes : le témoignage du Seigneur est sincère, et rend sages les petits enfants : les justices du Seigneur sont droites et réjouissent les cœurs : ses préceptes sont pleins de lumière, ils éclairent les yeux. » Et tout cela qu'est-ce autre chose que la répétition et l'exécution de ce que disoit la loi elle-même (11) ? « Que les préceptes que je te donnerai aujourd'hui soient dans ton cœur : raconte-les à tes enfants, et ne cesse de les méditer, soit que tu demeures dans ta maison, ou que tu marches dans les chemins ; quand tu te couches le soir, ou le matin quand tu te lèves. Tu les lieras à ta main comme un signe, ils seront mis et se remueront dans des rouleaux devant tes yeux, et tu les écriras à l'entrée sur la porte de ta maison. » Et on voudroit qu'une loi qui devoit être si familière, et si forte entre les mains de tout le monde, pût venir par des voies cachées, ou qu'on pût jamais l'oublier, et que ce fût une illusion qu'on eût faite à tout le peuple, que de lui persuader que c'étoit la loi de ses pères, sans qu'il en eût vu de tout temps des monuments incontestables.

Enfin, puisque nous en sommes à David et à Salomon ; leur ouvrage le plus mémorable, celui dont le souvenir ne s'étoit jamais effacé dans la nation, c'étoit le Temple. Mais qu'ont fait après tout ces deux grands rois, lorsqu'ils ont préparé et construit cet édifice incomparable ? qu'ont-ils fait que d'exécuter la loi de Moïse, qui ordonnoit de choisir un lieu où l'on célébrât le service de toute la nation (12), où s'offrissent les sacrifices que Moïse avoit prescrits, où l'on retirât l'arche qu'il avoit construite dans le désert, dans lequel enfin on mît en grand le tabernacle que Moïse avoit fait bâtir pour être le modèle du temple futur ; de sorte qu'il n'y a pas un seul moment où Moïse et sa loi n'ait été vivante ; et la tradition de ce célèbre législateur remonte de règne en règne, et presque d'année en année jusqu'à lui-même.

Avouons que la tradition de Moïse est trop manifeste et trop suivie pour donner le moindre soupçon de fausseté, et que les temps dont est composée cette succession se touchent de trop près pour laisser la moindre jointure et le moindre vide où la supposition pût être placée. Mais pourquoi nommer ici la suposition ? il n'y faudroit pas seulement penser, pour peu qu'on eût de bon sens. Tout est rempli, tout est gouverné, tout est, pour ainsi dire, éclairé de la loi et des livres de Moïse. On ne peut les avoir oubliés un seul moment ; et il n'y auroit rien de moins soutenable que de vouloir s'imaginer que l'exemplaire qui en fut trouvé dans le temple par Helcias, souverain pontife (13), à la dix-huitième année de Josias, et apporté à ce prince, fût le seul qui restât alors. Car qui auroit détruit les autres ? Que seroient devenues les Bibles d'Osée, d'Isaïe, d'Amos, de Michée, et des autres, qui écrivoient immédiatement devant ce temps, et de tous ceux qui les avoient suivis dans la pratique de la piété ? Où est-ce que Jérémie auroit appris l'Ecriture sainte, lui qui commença à prophétiser avant cette découverte, et dès la treizième année de Josias ? Les prophètes se sont bien plaints que l'on transgressoit la loi de Moïse, mais non pas qu'on en eût perdu jusqu'aux livres. On ne lit point, ni qu'Achaz, ni que Manassès, ni qu'Amon, ni qu'aucun de ces rois impies qui ont précédé Josias, aient tâché de les supprimer. Il y auroit eu autant de folie et d'impossibilité que d'impiété dans cette entreprise ; et la mémoire d'un tel attentat ne se seroit jamais effacée ; et quand ils auroient tenté la suppression de ce divin livre dans le royaume de Juda, leur pouvoir ne s'étendoit pas sur les terres du royaume d'Israël, où il s'est trouvé conservé. On voit donc bien que ce livre, que le souverain pontife fit apporter à Josias, ne peut avoir été autre chose qu'un exemplaire plus correct et plus authentique, fait sous les rois précédents et déposé dans le temple, ou plutôt, sans hésiter, l'original de Moïse, que ce sage législateur avoit « ordonné qu'on mît à côté de l'Arche en témoignage contre tout le peuple (14) ». C'est ce qu'insinuent ces paroles de l'histoire sainte : « Le pontife Helcias trouva dans le temple le livre de la loi de Dieu par la main de Moïse (15). » Et de quelque sorte qu'on entende ces paroles, il est bien certain que rien n'étoit plus capable de réveiller le peuple endormi, et de ranimer son zèle à la lecture de la loi, peut-être alors trop négligée, qu'un original de cette importance laissé dans le sanctuaire par les soins et par l'ordre de Moïse, en témoignage contre les révoltes et les transgressions du peuple, sans qu'il soit besoin de se figurer la chose du monde la plus impossible, c'est-à-dire la loi de Dieu oubliée ou réduite à un exemplaire. Au contraire, on voit clairement que la découverte de ce livre n'apprend rien de nouveau au peuple, et ne fait que l'exciter à prêter une oreille plus attentive à une voix qui lui étoit déjà connue. C'est ce qui fait dire au Roi : « Allez et priez le Seigneur pour moi et pour les restes d'Israël et de Juda, afin que la colère de Dieu ne s'élève point contre nous au sujet des paroles écrites dans ce livre, puisqu'il est arrivé de si grands maux à nous et à nos pères, pour ne les avoir point obsevées (16). »

Après cela, il ne faut plus se donner la peine d'examiner en particulier tout ce qu'ont imaginé les incrédules, les faux savants, les faux critiques, sur la supposition des livres de Moïse. Les mêmes impossibilités qu'on y trouvera en quelque temps que ce soit, par exemple, dans celui d'Esdras, règnent partout. On trouvera toujours également dans le peuple une répugnance invincible à regarder comme ancien ce dont il n'aura jamais entendu parler, et comme venu de Moïse, et déjà connu et établi, ce qui viendra de leur être mis tout nouvellement entre les mains.

Il faut encore se souvenir de ce qu'on ne peut jamais assez remarquer, des dix tribus séparées. C'est la date la plus remarquable dans l'histoire de la nation, puisque c'est lors qu'il se forma un nouveau royaume, et que celui de David et de Salomon fut divisé en deux. Mais puisque les livres de Moïse sont demeurés dans les deux partis ennemis comme un héritage commun, ils venoient par conséquent des pères communs avant la séparation ; par conséquent aussi ils venoient de Salomon, de David, de Samuel qui l'avoit sacré ; d'Héli, sous qui Samuel encore enfant avoit appris le culte de Dieu et l'observance de la loi ; de cette loi que David célébroit dans ses Psaumes chantés de tout le monde, et Salomon dans ses sentences que tout le peuple avoit entre les mains. De cette sorte, si haut qu'on remonte, on trouve toujours la loi de Moïse établie, célèbre, universellement reconnue, et on ne se peut repose qu'en Moïse même ; comme dans les archives chrétiennes on ne peut se reposer que dans les temps de Jésus-Christ et des apôtres.

Mais là que trouverons-nous ? que trouverons-nous dans ces deux points fixes de Moïse et de Jésus-Christ ? sinon, comme nous l'avons déjà vu, des miracles visibles et incontestables, en témoignage de la mission de l'un et de l'autre. D'un côté, les plaies de l'Egypte, le passage de la mer Rouge, la loi donnée sur le mont Sinaï, la terre entr'ouverte, et toutes les autres merveilles dont on disoit à tout le peuple qu'il avoit été lui-même le témoin ; et de l'autre, des guérisons sans nombre, des résurrections de morts, et celle de Jésus-Christ même attestée par ceux qui l'avoient vue, et soutenue jusqu'à la mort, c'est-à-dire tout ce qu'on pouvoit souhaiter pour assurer la vérité d'un fait ; puisque Dieu même, je ne craindai pas de le dire, ne pouvoit rien faire de plus clair pour établir la certitude du fait, que de le réduire au témoignage des sens, ni une épreuve plus forte pour établir la sincérité des témoins, que celle d'une cruelle mort.

# NOTES

(1) Exod. XVI, 23.
(2) Gen. XVII, 11.
(3) *Ibid.* IX, 4.
(4) *Ibid.* II, 3.
(5) Jerem. XI, I, etc. Bar. II, 2. Ezech. XI, 12 ; XVIII, XXII, XXIII, etc. Malach. IV, 4.
(6) II Paral. XXXV.
(7) IV Reg. XXII, XXIII. II Paral. XXXIV.
(8) IV Reg. XV, 5. II Paral. XXVI, 19, etc. Lev. XIII. Num. V, 2.
(9) Prov. VI, 20, 21, 22, 23.
(10) Ps. XVIII, 8, 9.
(11) Deut. VI, 6, 7, 8, 9.
(12) Deut. XII, 5 ; XIV, 23 ; XV, 20 ; XVI, 2, etc.
(13) IV Reg. XXII, 10. II Paral. XXXIV, 14.
(14) Deut. XXXI, 26.
(15) II Paral. XXXIV, 14.
(16) *Ibid.* 21.

N° d'imprimeur : 7577
Dépôt légal : Septembre 1986

Achevé d'imprimer
sur les presses de
l'Imprimerie Graphique de l'Ouest
Le Poiré-sur-Vie (Vendée)

# ERRATA

- p. 9 lire : « interrogation *chez le*... », ligne 19.
- p. 11 lire : « Per + *Sacerdotem* », ligne 27.
- p. 14 lire : « de *pair*... », ligne 43.
- p. 34 lire : « Αθαμας », ligne 40.
- p. 37 lire : « nous *mèneront*... », ligne 2.
- p. 45 lire : « *séduite* », ligne 29.
- p. 48 lire : « ... *que* fut l'infortuné Cyliani... », ligne 12.
- p. 56 lire : « ... l'avait *signée*... », ligne 17.
- p. 60 lire : « bleu-*nuit*... », ligne 3.
- p. 60 lire : « ... que *pourrions*-nous en dire ! », ligne 14.
- p. 60 lire : « *Les* deux couleurs *complémentaires précédentes* indiquent... », ligne 15.
- p. 70 lire : « E. Coarer-*Kalondan* », ligne 26.
- p. 73 lire : « grotte des *Taruskes*... », ligne 4.
- p. 75 lire : « ... voile », ligne 6.
- p. 79 lire : « Par ce signe, *tu* vaincras », ligne 37.
- p. 86 lire : « ... *qui* est là pour nous le rappeler », ligne 5.
- p. 99 la « double-hache », cf. croquis :
  et le « labarum »

- p. 100 « au Rune  qui désigne... », ligne 2, note 34.
- p. 101 lire : « ... il a bien », ligne 4.
- p. 101 lire : « F.M. », ligne 10.
- p. 101 lire : « ... du prétendu descendant » (Godefroy de Bouillon n'ayant pas eu de descendance directe), ligne 25.
- p. 109 lire : « ... de 3 000 F (donataire de 500 000 F pour l'érection du Sacré-Cœur de Paris) », ligne 11.
- p. 112 lire : « ... se *réclament*... », ligne 40.
- p. 118 lire : « ... *l'écrin* sacré de Rhedae », ligne 29.
- p. 118 lire : « Gnose », ligne 28.
- p. 123 lire : « ... qui est *le* sens même de toute création. », ligne 33.